智能网联汽车专业岗课赛证融通系列教材
丛书主编　徐念峰　詹海庭

# 智能网联汽车智能座舱系统测试装调

组　编　中国汽车工程学会　国家智能网联汽车创新中心
主　编　许　斗（芜湖职业技术学院）
　　　　刘学军（广西交通职业技术学院）
副主编　廖军强（易飒（广州）智能科技有限公司）
　　　　李　敏（芜湖职业技术学院）
　　　　黄志杰（广西交通职业技术学院）
参　编　王天生（广西交通职业技术学院）
　　　　陈德灯（广西交通职业技术学院）
　　　　韦相福（广西交通职业技术学院）
　　　　郎璐红（芜湖职业技术学院）
　　　　周先飞（芜湖职业技术学院）
　　　　王　勇（芜湖职业技术学院）
　　　　胡　飞（芜湖职业技术学院）
　　　　余国刚（江苏新通达电子科技股份有限公司）
　　　　张红伟（广州科技贸易职业学院）
　　　　张永栋（广东交通职业技术学院）
主　审　於　涛（国汽（北京）智能网联汽车研究院有限公司）

机械工业出版社
CHINA MACHINE PRESS

本书是智能网联汽车专业"岗课赛证"融通教材，主要内容包括语音交互系统的拆装与调试、触控交互系统的拆装与调试、智能座椅系统的拆装与调试、抬头显示系统的拆装与调试、手势交互系统的拆装与调试 5 个学习任务。每个学习任务按照任务导入、任务分析、任务资讯、任务准备、任务实施、任务评价与小结进行教学闭环设计。

本书按照智能网联汽车测试装调职业技能等级证书的要求编写，按照活页式教材形式打造，借助"互联网+"及信息技术，使教材内容呈现立体化、可视化、数字化，能够满足"人人皆学、处处能学、时时可学"的学习创新空间，为读者提供"能学、助教、助训、助考"的课程资源。

本书可作为职业院校智能网联汽车类专业的教学用书，也可作为智能网联汽车测试装调职业技能等级证书的考证用书，还可作为企业技术培训资料和汽车爱好者的科普读物。

## 图书在版编目（CIP）数据

智能网联汽车智能座舱系统测试装调 / 中国汽车工程学会，国家智能网联汽车创新中心组编；许斗，刘学军主编. — 北京：机械工业出版社，2022.6（2025.2重印）
智能网联汽车专业岗课赛证融通系列教材
ISBN 978-7-111-71171-1

Ⅰ.①智… Ⅱ.①中… ②国… ③许… ④刘… Ⅲ.①汽车 – 智能通信网 – 座舱 – 系统测试 – 教材 Ⅳ.①U463.83

中国版本图书馆CIP数据核字（2022）第117765号

机械工业出版社（北京市百万庄大街22号　邮政编码100037）
策划编辑：邢　琛　　　　责任编辑：王　婕
责任校对：梁　静　张　薇　　责任印制：单爱军
北京虎彩文化传播有限公司印刷

2025年2月第1版第5次印刷
184mm×260mm・12印张・185千字
标准书号：ISBN 978-7-111-71171-1
定价：49.90元

电话服务　　　　　　　　网络服务
客服电话：010-88361066　机　工　官　网：www.cmpbook.com
　　　　　010-88379833　机　工　官　博：weibo.com/cmp1952
　　　　　010-68326294　金　书　网：www.golden-book.com
封底无防伪标均为盗版　　机工教育服务网：www.cmpedu.com

## 智能网联汽车专业岗课赛证融通系列教材
## 编 审 委 员 会

| | |
|---|---|
| **顾　问** | 付于武（中国汽车工程学会终身名誉理事长） |
| | 李　骏（中国工程院院士 清华大学教授） |
| | 李志宏（教育部高等教育评估中心原副主任） |
| **主　任** | 张进华 |
| **副主任** | 闫建来　严　刚　楼志刚 |
| **委　员** | 徐念峰　尹万建　关志伟　张成山　李　雷 |
| | 朱福根　解　云　李晶华　刘学军　董铸荣 |
| | 缑庆伟　陈黎明　张红英　于万海　梁洪波 |
| | 孔春花　弋国鹏　吴书龙　赵玉田　刘卫国 |
| | 詹海庭　徐月云　袁　杰 |

# 丛书序  FOREWORD

　　进入 21 世纪以来，我国汽车产销逐渐从爆炸式增长发展为稳步增长，已经成为世界最大的汽车生产国和主要的汽车消费国。到 2024 年底，我国的汽车年产销量均超过 3100 万辆，步入了汽车社会。2020 年 2 月 10 日，国家发展和改革委员会、科学技术部、工业和信息化部等 11 个部门联合印发了《智能汽车创新发展战略》，旨在加快推进智能汽车的创新发展。2021 年 2 月，在国务院印发的《国家综合立体交通网规划纲要》中特别提到：推进智能网联汽车（智能汽车、自动驾驶、车路协同）应用，推动智能网联汽车与智慧城市协同发展。在政策、技术与市场等多重因素的影响下，汽车这一传统产业与能源、交通、信息通信等领域有关技术加速融合，正在形成电动化、智能化、网联化的发展格局。智能网联汽车的发展已经进入快车道。目前，国内职业院校汽车专业人才培养供给难以满足智能网联汽车产业发展需求。为了给社会培养更多有用的人才，近年来，国内职业院校的智能网联汽车技术专业在迅速扩充规模的同时积极探索新的人才培养模式、课程体系，积极探索行动导向教学法，以实现培养适应新汽车技术人才的需要。

　　2021 年 4 月，中国汽车工程学会、国家智能网联汽车创新中心发布了全国职业院校《智能网联汽车专业建设白皮书（2021 版）》，为职业院校智能网联汽车技术专业建设提供了思路。2020 年，教育部职业技术教育中心研究所公示了第三批职业教育培训评价组织和职业技能等级证书名单，智能网联汽车测试装调职业技能等级证书正式公布。为满足行业对智能网联汽车技术专业人才的需求，促进高职院校智能网联汽车技术专业建设、推动智能网联汽车职业技能等级证书认证制度，特开发了智能网联汽车专业岗课赛证融通系列教材。该系列教材根据智能网联汽车测试装调职业技能等级证书标准要求，分为初、中、高级教材，其中初级教材囊括了《智能网联汽车计算平台测试装调》《智能网联汽车智能传感器安装与调试》《智能网联汽车智能座舱系统测试装调》和《智能网联汽车底盘线控执行系统安装与调试》4 种，主要以智能网联汽车各系统装调为主进行介绍。同时，该系列教材从岗位需求出发，以就业为导向，以实践技能为核心，倡导以学生为本位的培养理念，立足2021年教育部颁布的职业教育专业目录，体现新时代汽车产业"智能化、网联化、电动化、共享化"发展对汽车生产制造和售后服务等岗位（群）要求，将综合性和案例性的实践活动转化成教材内容，帮助学生积累实际工作经验，全面提高学生的职业实践能力和职业素养。

因此，本系列教材按照智能网联汽车专业岗位的职业特点和职业技能要求，务求探索和创新：

1）立足先进的职业教育理念，紧跟汽车新技术的发展步伐，结合智能网联汽车技术专业的职业面向、培养目标和与之对应的课程体系、教学体系进行教材内容设置，及时反映产业升级和行业发展需求，体现新知识、新技术、新工艺、新方法、新材料。

2）全面贯彻落实《国家职业教育改革实施方案》，充分借鉴"双元制"先进职业教学模式，采用"校企合作"编写模式。

3）本系列教材根据智能网联汽车行业职业需求和岗位要求，依据汽车行业的能力标准和"1+X"证书技能等级鉴定标准组织相应内容，采用"行动导向、任务引领、学做结合、理实一体"的原则进行教学任务设计，突出体现了以学生为主体，强调学生在做中学，实现了理实一体化教学模式。

4）随着时代的发展，本系列教材强化了学生实习实训内容，并配套开发了信息化资源，适应了"信息化+职业教育"的发展需求，运用现代信息化技术改进了教学方式方法。

本系列教材响应国家1+X证书制度试点工作要求，采用活页式教材形式编写，从岗位任务和岗位技能需求出发，培养学生职业岗位技能，实现课程内容与职业技能的融合、技术能力与工作岗位对接、实习实训与顶岗工作学做合一，使学生在学习和实践中了解职业及岗位，培养良好的职业道德和职业素养。

本系列教材在中国汽车工程学会的组织引导下，由多所职业院校教师共同参与完成，期间得到了广大企业及相关合作单位的支持和指导，是智能网联汽车技术专业职业教育领域集体劳动的成果和智慧结晶。在此，谨对付出辛勤劳动的编者表示衷心感谢。

智能网联汽车测试装调职业技能等级证书系列教材研发组

# 前　言

2021年4月，中国汽车工程学会、国家智能网联汽车创新中心发布了全国职业院校《智能网联汽车专业建设白皮书（2021版）》，为职业院校智能网联汽车技术专业建设提供了思路。为满足行业对智能网联汽车技术专业人才的需求，促进高职院校汽车专业建设，特开发了本书。

编者立足2021年教育部颁布的职业教育专业目录，体现新时代汽车产业"智能化、网联化、电动化、共享化"发展对智能网联汽车专业的要求，编写了本书内容，特色如下：

1）在教材开发与更新上严格遵循《职业院校教材管理办法》，坚持立德树人，以习近平新时代中国特色社会主义思想引领教材建设，体现教材的思想性、科学性，以学生为中心，融入社会主义核心价值观的培养，突出教材的职教特色和育人载体。

2）立足先进的职业教育理念，紧跟汽车新技术的发展步伐，结合智能网联汽车技术专业的职业面向、培养目标和与之对应的课程体系、教学体系进行教材内容设置，及时反映产业升级和行业发展需求，体现新知识、新技术、新工艺、新方法、新材料。

3）在内容选择上紧贴智能网联汽车产业的实际生产场景，进一步体现教材对技术进步的反应速度，也充分体现教材的角色匹配性、易读性、实践性、职业性和兼顾性等特性。

4）在呈现形式上，教材配套资源丰富，包含视频、图片素材、课件等，部分视频动画以二维码的形式插入相关内容，读者可扫码学习，提高学习效率。

5）根据智能网联汽车测试装调技能等级证书标准要求，对有关内容进行了调整、修改，为学生将来考取 1+X 证书打下坚实基础，教材更新体现课证融通。

由于编者水平有限，书中不妥之处在所难免，敬请广大读者批评指正。

编　者

# 活页式教材使用注意事项

**01** 根据需要,从教材中选择需要夹入活页夹的页面。

**02** 小心地沿页面根部的虚线将页面撕下。为了保证沿虚线撕开,可以先沿虚线折叠一下。注意:一次不要同时撕太多页。

**03** 选购孔距为80mm的双孔活页文件夹,文件夹要求选择竖版,不小于B5幅面即可。将撕下的活页式教材装订到活页夹中。

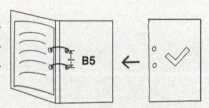

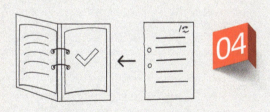

**04** 也可将课堂笔记和随堂测验等学习资料,经过标准的孔距为80mm的双孔打孔器打孔后,和教材装订在同一个文件夹中,以方便学习。

温馨提示:在第一次取出教材正文页面之前,可以先尝试撕下本页,作为练习

# 目　录　CONTENTS

丛书序
前　言

**学习任务 1**
**语音交互系统的拆装与调试**
**001**

| | | |
|---|---|---|
| 1.1 | 任务导入 | ...001 |
| 1.2 | 任务分析 | ...001 |
| 1.3 | 任务资讯 | ...001 |
| 1.4 | 任务准备 | ...018 |
| 1.5 | 任务实施 | ...019 |
| 1.6 | 任务评价与小结 | ...026 |

**学习任务 2**
**触控交互系统的拆装与调试**
**027**

| | | |
|---|---|---|
| 2.1 | 任务导入 | ...027 |
| 2.2 | 任务分析 | ...027 |
| 2.3 | 任务资讯 | ...027 |
| 2.4 | 任务准备 | ...050 |
| 2.5 | 任务实施 | ...051 |
| 2.6 | 任务评价与小结 | ...063 |

**学习任务 3**
**智能座椅系统的拆装与调试**
**065**

| | | |
|---|---|---|
| 3.1 | 任务导入 | ...065 |
| 3.2 | 任务分析 | ...065 |
| 3.3 | 任务资讯 | ...065 |
| 3.4 | 任务准备 | ...093 |
| 3.5 | 任务实施 | ...094 |
| 3.6 | 任务评价与小结 | ...107 |

XI

## 学习任务 4
### 抬头显示系统的拆装与调试
**108**

| | | |
|---|---|---|
| 4.1 | 任务导入 | …108 |
| 4.2 | 任务分析 | …108 |
| 4.3 | 任务资讯 | …109 |
| 4.4 | 任务准备 | …122 |
| 4.5 | 任务实施 | …123 |
| 4.6 | 任务评价与小结 | …136 |

## 学习任务 5
### 手势交互系统的拆装与调试
**137**

| | | |
|---|---|---|
| 5.1 | 任务导入 | …137 |
| 5.2 | 任务分析 | …137 |
| 5.3 | 任务资讯 | …137 |
| 5.4 | 任务准备 | …140 |
| 5.5 | 任务实施 | …141 |
| 5.6 | 任务评价与小结 | …154 |

## 附录
### 评价标准
**157**

| | | |
|---|---|---|
| 附录 A | 语音交互系统拆装与调试评分标准 | …157 |
| 附录 B | 触控交互系统拆装评分标准 | …161 |
| 附录 C | 触控交互系统调试评分标准 | …163 |
| 附录 D | 智能座椅系统拆装评分标准 | …165 |
| 附录 E | 智能座椅系统调试评分标准 | …167 |
| 附录 F | 抬头显示系统拆装评分标准 | …169 |
| 附录 G | 抬头显示系统调试评分标准 | …171 |
| 附录 H | 手势交互系统拆装评分标准 | …173 |
| 附录 I | 手势交互系统调试评分标准 | …177 |

## 参考文献
**179**

# 学习任务 1
# 语音交互系统的拆装与调试

## 1.1 任务导入

车上扬声器和传声器(俗称麦克风)使用年份较久,播放音量低、语音唤醒不灵敏,需要更换。初级技术人员需要拆装扬声器和传声器并完成系统调试。

## 1.2 任务分析

| | |
|---|---|
| 知识目标 | 1. 了解语音交互系统技术的发展现状与趋势。<br>2. 了解语音交互系统的作用、结构及特点。<br>3. 熟悉语音交互系统的工作原理。 |
| 技能目标 | 1. 能够熟练使用语音交互系统装调时所需的工具。<br>2. 能够独立完成语音交互系统的拆装。<br>3. 能够独立完成语音交互系统的调试。 |
| 素养目标 | 1. 养成良好的行为规范和职业道德。<br>2. 培养良好的团队意识及沟通交流能力。<br>3. 养成善于思考、深入研究等良好的自主学习习惯并培养创新精神。 |

## 1.3 任务资讯

### 1. 语音交互的概念

语音交互(Voice User Interface,VUI)技术其实离我们很近,我们日常使用的很多产品和应用,都离不开语音交互技术。

语音交互技术是人工智能技术的重要组成部分,通俗地说,就是用人类最自然的语言(开口说话)给机器下达指令,达成使用者目的的过程。

语音交互技术是基于语音输入的新一代交互模式,通过说话就可以得到反馈结果。

### 2. 语音交互技术的驱动

1)政策+市场(天时):国家政策的大力扶持,5G 与 V2X 通信技术飞速发展。

2)载体(地利):数据驱动的智能化硬件的普及,多种智能服务的 App 应用。

3)模型(人和):深度学习算法提升模型识别准确度,中央处理器(CPU)+图形处理器(GPU)的并行计算加速模型迭代,语音数据库提供更丰富的训练样本。

### 3. 语音交互技术行业概述

(1)智能语音市场的主流企业 语音交互是非接触经济中一项重要的人工智能技术,是人机交互的入口,它将成为未来最主流的人机交互方式。如今,科大讯飞、亚马逊 Alexa、谷歌、微软小娜、苹果 Siri、小智、小米小爱同学、智能 360 和腾讯等各大企业都在积极布局语音交互技术,如图 1-1 所示。

图 1-1 各大语音交互技术企业

（2）智能语音市场的发展现状　　伴随着人工智能行业的快速发展，中国在智能语音这个细分市场的发展速度也将会持续增长，目前国内在智能语音市场的技术已经相对成熟。

目前，中国智能语音市场的份额主要由科大讯飞、百度以及苹果分割。

当下，几乎所有技术巨头都在为汽车提供智能驾驶解决方案。例如，苹果、谷歌、亚马逊、Nuance、阿里巴巴、百度和华为都为智能座舱创建了平台和操作系统。

### 4. 语音交互技术的发展历程

（1）第一时期　　20世纪90年代，诞生了第一个可行的、非特定的（每个人都可以对它说话）的语音识别系统——交互式语音应答（Interactive Voice Response，IVR）。此时通过电话拨号的方式进行语音的问答还存在很多的缺点。它的主要特点如下：

1）优点：擅长识别和播报长字符。

2）缺点：用户很少有机会暂停系统，系统占主动地位。

如订火车票，我们通过输入身份证号等，让系统进行身份与指令识别，系统也会播报各个站点如"1北京、2天津、3山东……"长语音让我们选择。回想一下那个过程，我们必须不断地与系统进行交互，如果中间出现错误，则只能挂断重来，因此整个交互过程容易让用户处在谨慎、局促的状态下。

（2）第二时期　　当前我们所处的阶段就是第二时期。目前，移动端像Siri、Google这类集成了视觉和语音信息的App，以及Amazon Echo这类纯语音的设计产品，逐步发展并成为主流，而车机端也有了各大主机厂自身定制化的语音产品。随着语音识别技术、人工智能（AI）技术、互联网技术的发展，我们已经可以在驾驶场景和非驾驶场景中用语音处理很多事情，让用户在使用汽车的过程中更加快捷和高效地去处理一些任务，有利于驾驶安全以及提供更好的用户体验。此时的语音交互可以同时使用语音和屏幕交互，是一种多模态的交互设计。发展到这个阶段就有了多轮对话的可能性，但是如何对用户的语音进行理解就成为语音交互的技术瓶颈了。

（3）第三时期　　随着人工智能的发展，语音识别和语义理解也相对成熟起来，语音交互在人工智能时代已经有了先发优势，正在被逐渐落地并且有望大规模应用。目前,语音交互已经加速在智能家居、手机、车载、智能穿戴、机器人等行业渗透和应用。

### 5. 语音交互技术在智能座舱中的应用

开车过程中,我们能做的事非常有限,就连打电话都很不方便。语音交互技术进入汽车领域,不仅可以解放驾驶员双手,方便驾驶,还能让驾驶员将注意力转回路面,提高安全性。

车载常用语音功能有接听电话、开关车窗、播放广播和音乐、设置目的地和路线导航,以及开闭空调、部分灯光、刮水器等等。

### 6. 语音交互技术的框架及关键技术

(1)语音交互的解析过程 语音交互解析过程(图1-2和图1-3)是在人发出语音指令后,系统经过解析、执行指令并反馈的过程。

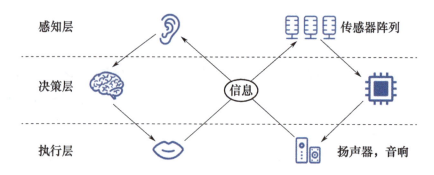

图1-2 语音交互解析过程(1)

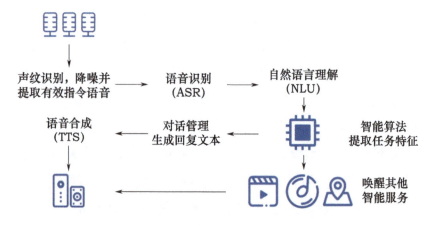

图1-3 语音交互解析过程(2)

（2）语音交互技术模块构成　在《统计自然语言处理》中有更细致和完整的人机对话系统组成结构，主要包括如下 6 个技术模块（图 1-4）。

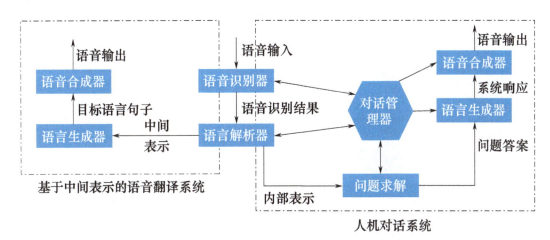

图 1-4　人机对话系统组成结构

1）语音识别模块（Speech Recognizer）。实现用户输入语音到文字的识别转换，识别结果一般以得分最高的前 $n$（$n \geq 1$）个句子或词格（Word Lattice）形式输出（把用户说的语音转成文字）。

2）语言解析模块（Language Parser）。对语音识别结果进行分析理解，获得给定输入的内部表示（即把用户说的语言转换成机器理解的语言）。

3）问题求解模块（Problem Resolving）。依据语言解析器的分析结果进行问题的推理或查询，求解用户问题的答案（即解决用户问题的模块，比如调用的百度搜索）。

4）对话管理模块（Dialogue Management）。一个理想的对话管理器应该能够基于对话历史调度人机交互机制，辅助语言解析器对语音识别结果进行正确的理解，为问题求解提供帮助，并指导语言的生成过程。可以说，对话管理机制是人机对话系统的中心枢纽（能够记录历史对话数据，通过训练能够给到用户更好的回答）。

5）语言生成模块（Language Generator）。根据解析模块得到的内部表示，在对话管理机制的作用下生成自然语言句子（把回答的机器语言再转换成口语语言）。

6）语音合成模块（Speech Synthesizer）。将生成模块生成的句子转换成语音输出（把口语语言再转化成语音）。

（3）语音交互的基础技术链路  语音交互技术的基础技术流程有以下几个关键处理阶段：语音唤醒、语音识别（ASR/STT）、自然语言理解（NLU）、对话管理（DM）、自然语言生成（NLG）、语音合成（TTS）和命令反馈。其中，语音识别、自然语言理解和语音合成是语音交互技术的3个单点核心技术（图1-5）。

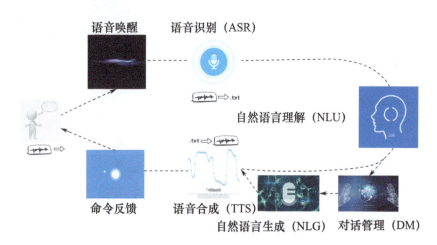

图1-5  语音交互技术的基础技术流程

1）语音唤醒：设备在节能休眠或者锁屏状态下，检测到用户设定的唤醒词，从休眠状态进入激活状态，并开始等待新的指令。

几乎很多带有语音交互功能的设备都需要语音唤醒技术作为人机交互的一个入口，如汽车、手机、可穿戴设备和智能家居等。不同的产品会有不同的唤醒词，如小鹏汽车的"你好，小P"和蔚来汽车的"嗨，NOMI"等，如图1-6和图1-7所示。当用户需要唤醒设备时，需要说出特定的唤醒词。大部分的唤醒词都是三四个音节，音节覆盖多，音节差异大，相对唤醒效果会比较稳定。

图1-6  小鹏汽车"你好，小P"

图1-7  蔚来汽车"嗨，NOMI"

语音唤醒的评判指标主要有4个,即召回率、虚警率、实时率和功耗(图1-8)。

图1-8 语音唤醒的评判指标

语音唤醒可以看作小型关键词检索(Key Word Spotting,KWS)。但是识别算法要运行在终端设备上,有处理器频率和内存大小的瓶颈(目前主流的语音识别方案中识别算法都运行在云端,通过深度学习来提高识别率)。

由于召回率/准确率特别重要,主流厂商不仅在设备端做一次确认,还会在云端做二次确认,缺点是实时率差了一些,如图1-9所示。

图1-9 语音唤醒的实现框图

2)语音识别(ASR):机器接收到用户语音后,首先通过语音识别将语音(Voice)转换为文本(Text),并且保留语速、音量、停顿等语音本身的特征信息。

语音识别技术主要包括特征提取、模式匹配以及模型训练算法3个方面,如图1-10所示。

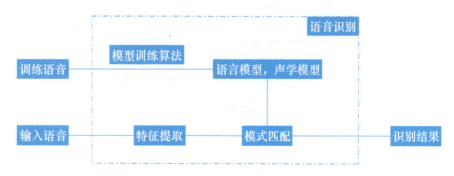

图 1-10 语音识别技术

语音识别的流程（图 1-11），首先是声音的输入，这个声音需要经过一些预处理，比如端点检测、降噪、回声消除等，让处理过的声音信号能够更加真实地反映语音的状态；然后进行声音的特征提取，因为在整个语音中有很多的特征是语音识别并不关注的，所以我们只会把关注的语音特征提取出来，提取到关键特征后，就会进入真正的语音识别（或者称为模式匹配）过程。

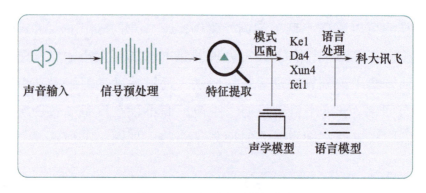

图 1-11 语音识别的流程

首先进行的是声学模型的匹配，它输入的是前面得到的语音特征，输出的是一个发声的信号，即声学模型能够把这些特征转化为发声信息，如图 1-11 中声学模型部分所示，可以看到它有点类似于拼音的音标。得到这样的发声信息后，再到语言模型，比如到中文的语言模型中去查询有哪个词或者字是最匹配这样的发声特征的。最后得到的识别结果就是"科大讯飞"。

语音识别的核心就是声学模型和语言模型模式匹配的过程如图 1-12 所示。

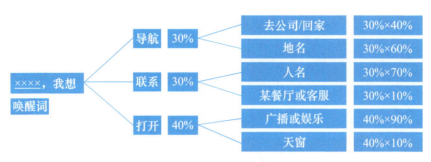

图 1-12　声学模型和语言模型模式匹配的过程

①声学模型：给定某个音，计算输入语音匹配哪一个声母或者韵母的概率。

②语言模型：计算不同文本序列搭配的概率。

影响语音识别技术性能的因素主要有两类，一类是影响模型准确率的因素，另一类是影响模型整体性能的因素。影响模型准确率的因素如图 1-13 所示。

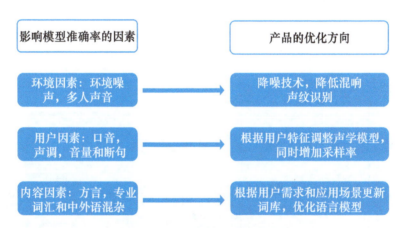

图 1-13　影响模型准确率的因素

影响模型整体性能的因素主要有延迟、算力和鲁棒性 3 个方面。

①延迟：延迟是指从用户说完语言到完成转录的时间。较高的延迟会极大地降低用户的体验。例如，在语音搜索中，实际的搜索行为必须在语音识别以后进行。

②算力：算力的占用直接与耗能及延迟性挂钩，如果只是为了提升 1～2 个百分比的准确率而增加几倍的计算任务，这是不合适产品化的。因此要根据具体的应用场景选择合适的模型。

③鲁棒性：不同于智能手机的个人智能助理和语音输入法，在汽车上搭载的产品对安全性和鲁棒性有着更严格的车规级要求。模型鲁棒性测试如图 1-14 所示。

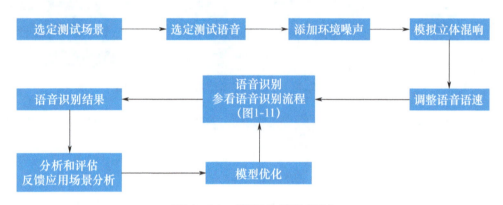

图 1-14　模型鲁棒性测试

3）自然语言理解（NLU）：机器通过自然语言理解从文本中理解用户意图。自然语言处理（NLP）和自然语言理解（NLU）如图 1-15 所示。NLP 依靠机器学习通过分析文本语义和语法从人类语言中获得意义，NLU 负责理解某个文本所呈现的含义。

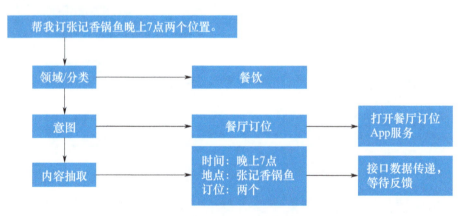

图 1-15　自然语言处理和自然语言理解

自然语言理解是基于自然语言处理的相关技术实现的（图 1-16）。自然语言处理的流程如图 1-17 所示。

自然语言处理目前的主要技术难点有：

①表达的多样性。语言具有创造性，会不断产生新的流行语和新词汇。每个用户的用语习惯不一样，有人简练，有人啰嗦，再加上千变万化的方

言，迫使机器在大数据学习之外，还要进行小样本的学习和预测。

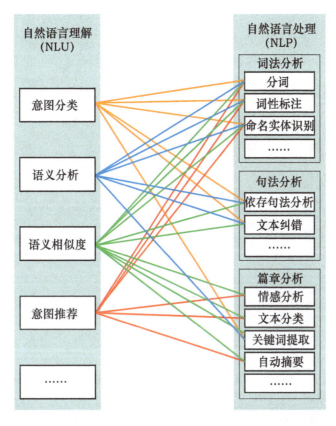

图 1-16　自然语言理解与自然语言处理之间的关系

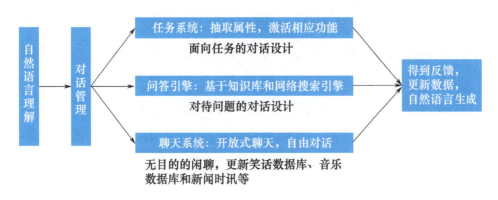

图 1-17　自然语言处理的流程

②理解的鲁棒性。在多字、少字、错字的情况下仍然能够保证理解准确度。在停顿、重复、改正的情况下仍然能够正确分割词义。

③内容的依赖性。语言理解基于环境和前文（短时间前提到的内容），

有一定的知识依赖。

4）对话管理（DM）：机器通过对话管理决策接下来的动作，并更新对话状态。

对话管理控制着人机语音交互的过程，负责维护、更新对话状态，并决策接下来的动作。对话管理接收来自自然语言理解的语义结果，并结合当前的语义环境（上下文环境），基于预设的对话状态，决策接下来的动作，并对语义环境进行更新，然后循环往复，直到结束交互。预设的对话状态即对话规则，例如对话流程、动作判断等多种形式的结合。

由于语音交互的复杂性和随机性，导致对话管理难度很大。具体表现为预设对话状态的主观性、多轮对话的容错性、偏离对话状态的合理化处理、多场景切换与恢复等。与自然语言理解类似，当前对话管理在垂直领域和闲聊的部分场景应用较好，但是要应用到全场景交互中，挑战同样非常大。

5）自然语言生成（NLG）：机器通过自然语言生成将决策后的动作生成为回复给用户的文本。

6）语音合成（TTS）：语音合成是人机交互的出口，机器通过语音合成将回复给用户的文本转换为语音，完成一次交互，合成语音的自然度直接关系到交互体验。

语音合成能将任意文字信息实时转化为标准流畅的语音朗读出来，涉及声学、语言学、数字信号处理、计算机科学等多个学科技术。如果语音识别是"机器的耳朵"，自然语言理解是"机器的大脑"，那么语音合成可以比作"机器的嘴巴"，使人能够听到机器的反馈。与语音识别相比，语音合成技术相对来说要成熟一些。目前的突破点在于如何根据用户需求快速定制新的声音包。语音合成技术主要包括语言处理、韵律处理、声学处理3个方面。

语音合成的过程相对于语音识别刚好是相反的，它的输入是文字，输出是对应内容的音频。语音合成的历史相对于语音识别要长很多，已经有超过200多年的历史。最开始人们考虑怎么让机器发出像人一样的声音，主要有两个不同的学派：一种认为可以造一台和人的声学结构完全类似的机器去发出与人类似的声音；另一种认为完全没必要做得这么复杂，把说话人的声音录下来，对录音按字、按音素裁剪成一个个单元，然后根据需要合成的文本进行排列和拼接。从目前的发展情况来看，历史已经证明第二种方式是通用性最好的，也是现在主流的合成技术采用的方式。

现在的语音合成主要包含两部分，首先制作一个音库，需要有说话人进行录音，然后对质量较好的录音进行裁剪，裁剪完之后将对应的音素音节存储到对应的单元中。这个技术之所以到现在才流行起来，一定程度上是因为不管何种语言，其音素、音节实在是太多了，在计算机出现之前我们很难找到一个系统来存储和计算这样的排列和音素的拼接。

语音合成的过程如图 1-18 所示。首先，它的输入肯定是文本，文本输入进来后不会立即去合成，而是会先按照字典规则进行语言处理，主要就是进行断句。这里举一个比较典型的例子，就是"武汉市长江大桥"。如果在第一步断句有问题的话，后面的合成肯定是错的，它的停顿、韵律肯定是不符合我们预期的；之后是韵律的处理，需要规划整个合成语音的音阶、音高、音长、音强等因素，使合成的语音能够正确地表达说话人所要表达的意图，使其听起来更加自然；最后根据前两部分处理的结果，找到对应的音素单元，提取出来进行拼接，拼接完后进行一个简单的处理就可以输出合成的语音了。

图 1-18　语音合成的过程

语音合成应用场景也很多，比如读书 App、导航播报、进行人机交互的语音机器人等，另外也可以帮助视障人士进行特殊的阅读。

（4）人机语音交互的升级技术链路　目前语音交互技术的应用，大多采用升级技术链路，已在原有基础技术之上做了更优处理（图 1-19）。比如在语音识别的前端，叠加一些语音信号预处理，也就是声学处理部分，包括回音消除、定向拾音和远场降噪；为了提高语音识别的准确率，也植入了离线命令词、端点检测和无效拒识等技术。

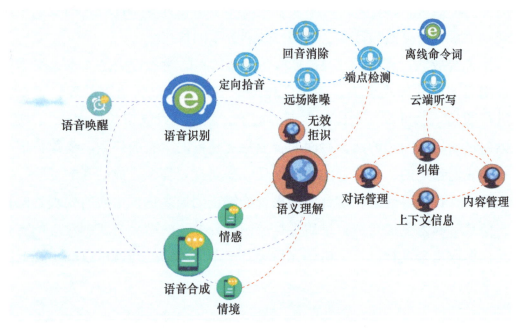

图 1-19　语音交互技术的升级技术链路

1）回音消除：机器内置有音响和传声器，机器在与人交互过程中，不仅能听到人的声音，机器自身的响声也能听到，回音消除就是用来消除机器的噪声。

2）定向拾音：这个技术发展较晚，主要是用来判断声源的位置，接收固定方向的声音，主要应用在近场和远场交互上。例如，我们家里有好几个小爱音箱，离我们最近的小爱音箱才会做识别。

3）离线命令词：语音交互里的词库。

4）端点检测（VAD）：判断人说的一段话，是从哪里结束。

5）无效拒识：语音交互设备在实时接收我们的声音，即我们的声音会被设备随时录音,当设备识别出关键词的时候,才会真正分析处理这段命令,无效的会拒识,有效的会进行语义理解。

(5)语音识别的其他技术

1)语音通信传输方式。

①单工:数据只能进行单向传输——录音机、收音机。

②半双工:数据可以在信号载体的两个方向上传输,但是不能同时传输——对讲机。

③全双工:同一时间既可以作为接收设备,也可以作为发送设备——手机、电话。即语音交互过程是双向、持续和可打断的,设备可以边听边思考。全双工技术就相当于双向车道,来往车辆可以畅通无阻。

全双工特点如下:

a)交流是双向的:我们和设备说话,设备也能和我们说话。

b)交流是持续的:我们可以和设备持续说话,不需要每次都唤醒或提醒设备,可以不依赖于唤醒词。

c)交流是可打断的:我们在与设备交流过程中,中途也能与身边的朋友交流(交互被打断),接着再和设备延续交流。

2)声纹识别。声纹识别是一种根据说话人语音波形识别说话人身份的生物识别技术。相比于人脸识别、虹膜识别、指纹识别等技术,声纹识别可以进行远程身份识别,用户不必和生物特征采集设备接触,即可完成识别过程。在智能音响中,可采用声纹识别进行用户身份识别(爸爸、妈妈、孩子),针对不同用户提供个性化服务。

3)知识图谱。知识图谱是一种描述知识实体、实体与实体之间关联的结构化知识管理技术。知识图谱相比于传统的知识管理技术,能够将零散的知识有效聚合起来,方便检索、提取、调用、管理。知识图谱在人机语音交互中的应用,可以有效提升知识检索、知识生成的速度和准确度,如果结合自然语言生成技术,则其提供给用户的结果也更接近于人类表达。

### 7. 语音交互技术的优势和劣势

语音交互技术的优势如图1-20所示。

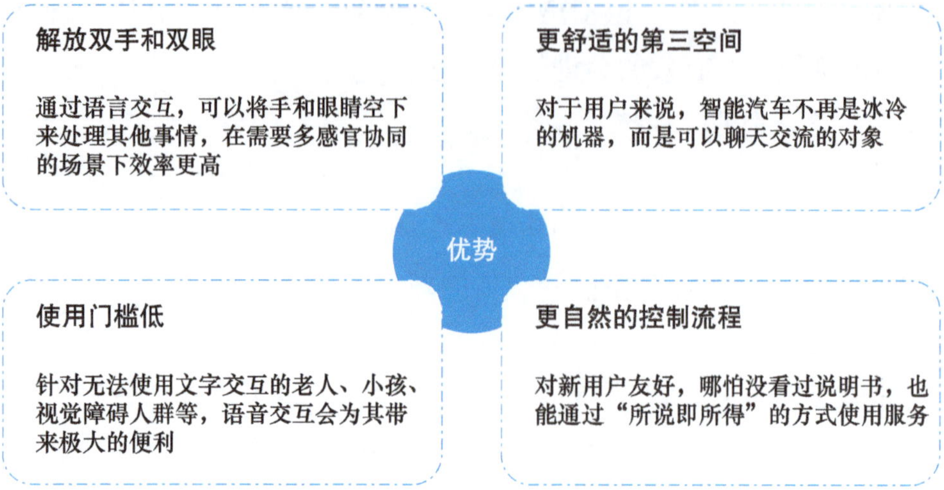

**解放双手和双眼**

通过语言交互,可以将手和眼睛空下来处理其他事情,在需要多感官协同的场景下效率更高

**更舒适的第三空间**

对于用户来说,智能汽车不再是冰冷的机器,而是可以聊天交流的对象

**使用门槛低**

针对无法使用文字交互的老人、小孩、视觉障碍人群等,语音交互会为其带来极大的便利

**更自然的控制流程**

对新用户友好,哪怕没看过说明书,也能通过"所说即所得"的方式使用服务

优势

图 1-20 语音交互技术的优势

语音交互技术的劣势如图 1-21 所示。

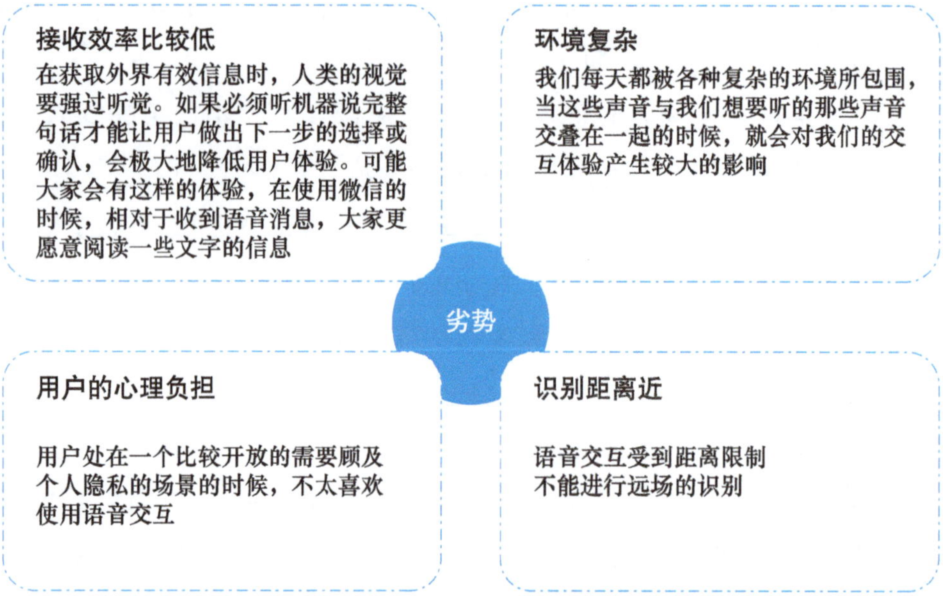

**接收效率比较低**

在获取外界有效信息时,人类的视觉要强过听觉。如果必须听机器说完整句话才能让用户做出下一步的选择或确认,会极大地降低用户体验。可能大家会有这样的体验,在使用微信的时候,相对于收到语音消息,大家更愿意阅读一些文字的信息

**环境复杂**

我们每天都被各种复杂的环境所包围,当这些声音与我们想要听的那些声音交叠在一起的时候,就会对我们的交互体验产生较大的影响

**用户的心理负担**

用户处在一个比较开放的需要顾及个人隐私的场景时候,不太喜欢使用语音交互

**识别距离近**

语音交互受到距离限制不能进行远场的识别

劣势

图 1-21 语音交互技术的劣势

语音交互技术和视觉交互技术是在不同维度上的互补,在不同的场景选择最合适的交互技术,通过适当的协作机制为用户提供更好的用户体验。

### 8. 语音交互技术的发展趋势

(1)普遍化 语音交互技术可以作为智能设备实现人机交互的一种

方式。

（2）信息去中心化　语音智能设备作为一个接口，可以衔接其他应用的接口共用。

（3）情感化的语音　相比于单击屏幕，语音更加自然，可以根据不同用户在不同情景下，使用更情感化的语音进行交互。

（4）数据库和模型算法优化　更多的数据库，比如兼容更多种国家语言，方言、多语言混杂的识别率；模型算法的优化，可以占用更少的算力，做到更加精准的识别。

## 资讯小结

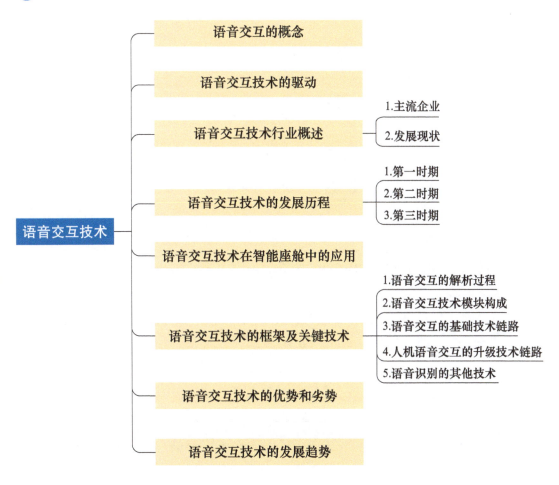

## 1.4 任务准备

### 1. 任务计划

（1）工具设备介绍

| 任务模块 | 设备工具 | 功能备注 |
| --- | --- | --- |
| 语音交互系统的拆装与调试 | L3级智能网联教学车、智能座舱系统测试装调台架、数字万用表、直流电源、RJ45接口CAT.5网线、螺钉旋具套装、汽车维修工具套装、扭力扳手、固定螺栓、无纺布、安全帽、绝缘垫、工作手套 | 在本任务中，教学车是语音交互系统的载体；测试装调台架的作用是用来调试语音交互系统；万用表用于检测语音交互系统供电线路；直流电源用于语音交互系统的品质检测和辅助安装；测试装调通信线连接计算平台和测试装调台架，用于两者之间的数据通信 |

（2）实操预演

第一步：通过链接，熟悉任务流程。

第二步：通过链接，观看语音交互系统的拆装与调试。

### 2. 任务决策

通过对"实操预演"环节的视频学习，并经过分析与讨论后，列出完整的操作步骤。

| 步骤 | 语音交互系统的拆装与调试 |
| --- | --- |
| 1 |  |
| 2 |  |
| 3 |  |
| 4 |  |
| 5 |  |
| 6 |  |
| 7 |  |
| 8 |  |

（续）

| 步骤 | 语音交互系统的拆装与调试 |
|---|---|
| 9 | |
| 10 | |

## 1.5 任务实施

（1）前期准备

**1**

安装前检查

戴好工作手套和安全帽，将传声器、扬声器、万用表和工具等摆放在工作台上，并进行安装前作业

**2**

螺栓、工具检查

1）外观结构完整，表面不应有破损、变形、裂痕、生锈等问题

2）固定螺栓是否齐全，螺栓螺纹无滑丝或变形

3）拆装工具齐全，使用功能正常

| 根据实际情况在"□"位置上打"√" | | |
|---|---|---|
| 表面有无破损 | 有 □ | 无 □ |
| 表面有无变形 | 有 □ | 无 □ |
| 表面有无生锈 | 有 □ | 无 □ |
| 螺栓是否齐全 | 是 □ | 否 □ |
| 螺纹有无滑丝或变形 | 有 □ | 无 □ |
| 六角头螺栓螺母有无损坏或变形 | 有 □ | 无 □ |
| 工具是否齐全 | 是 □ | 否 □ |
| 工具使用功能是否正常 | 是 □ | 否 □ |

**3**

测试装调通信线外观检查

1）外观结构完整，表面不应有破损、变形、裂痕等问题

2）连接针脚无损坏、变形或生锈

| 根据实际情况在"□"位置上打"√" | | |
|---|---|---|
| 表面有无破损、裂痕 | 有 □ | 无 □ |
| 表面有无变形 | 有 □ | 无 □ |
| 针脚有无损坏 | 有 □ | 无 □ |
| 针脚有无生锈 | 有 □ | 无 □ |

（续）

**4**

传声器外观检查

1）传声器外观完整，无脏污、破损、划痕、裂纹、凹痕和凸点

2）针脚无损坏、变形或生锈等缺陷

| 根据实际情况在"□"位置上打"√" | | |
|---|---|---|
| 外观有无脏污 | 有 □ | 无 □ |
| 外观有无破损 | 有 □ | 无 □ |
| 外观有无划痕、裂纹、凹痕、凸点 | 有 □ | 无 □ |
| 针脚有无损坏、变形 | 有 □ | 无 □ |
| 针脚有无生锈 | 有 □ | 无 □ |
| 固定螺栓孔有无变形、生锈 | 有 □ | 无 □ |

**5**

扬声器品质检测

1）外观结构完整，表面不应有破损、变形、裂痕、生锈等问题

2）检查螺栓孔，应无滑丝或变形

3）使用万用表检测扬声器电阻值，判断其是否正常，正常值约 4Ω

4）使用直流电源检测扬声器功能是否正常，正常会发出声音

| 根据实际情况在"□"位置上打"√"或根据实际情况在"＿＿"上填上正确答案 | | |
|---|---|---|
| 打开直流电源的电源，按压"＿＿"按钮，启动直流电源 | | |
| 将电压调到＿＿V，电流调到＿＿A 左右 | | |
| 扬声器发声是否正常 | 是 □ | 否 □ |

（续）

**6**
教学车检查

1）连接 12V 蓄电池负极线并拧紧固定螺母
2）踩住制动踏板，起动教学车，仪表"READY"灯能点亮，且档位处于"P"位
3）检查驻车制动指示灯是否已点亮，确保驻车制动处于制动状态

| 根据实际情况在"□"位置上打"√" | |
|---|---|
| 仪表"READY"灯是否能点亮 | 是 □　否 □ |
| 档位是否处于"P"位 | 是 □　否 □ |
| 驻车制动指示灯是否点亮 | 是 □　否 □ |

### （2）实操演练

| 实施步骤 | 标准/图示 | 操作要点 |
|---|---|---|
| **1**<br>关闭车辆<br>确保车辆点火开关处于关闭状态，仪表处于熄屏状态 |  | 点火开关是否关闭 □ |
| **2**<br>断开蓄电池负极<br>用工具拆卸 12V 低压蓄电池负极线缆 |  | 蓄电池负极是否断开 □ |

💡 注意：断开蓄电池电源时，不能先拆卸蓄电池正极线缆。由于拆装工具是金属制成的，如果先卸下正极，由于负极已连接到外壳，则工具容易碰到外壳并使正极和外壳短路，这是非常危险的，轻者会造成蓄电池短路损坏，严重的话会引发汽车起火

（续）

| 实施步骤 | 标准/图示 | 操作要点 |
|---|---|---|
| 3<br>安装传声器<br>1）使用内六角套筒工具安装 4 颗传声器固定螺栓<br>2）检查线束插头，连接传声器线束 | 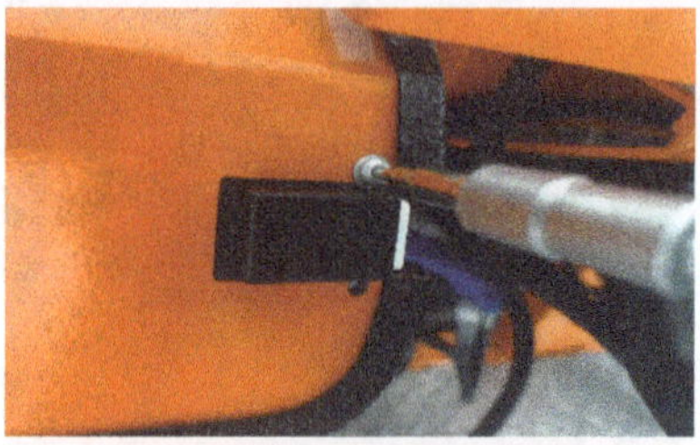  | |
| 4<br>安装扬声器<br>1）使用内六角套筒工具安装 3 颗扬声器固定螺栓<br>2）连接扬声器线束 |   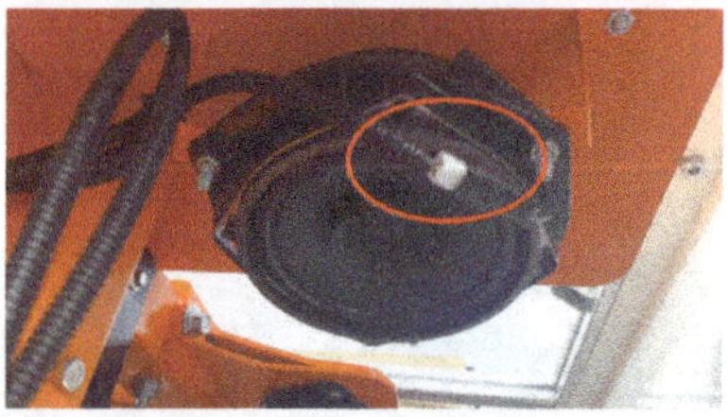 | 扬声器固定螺栓的拧紧力矩是_____N·m |
| 💡 注意：安装固定螺栓时，先用手带上螺栓，再用工具安装；套筒工具需与螺母垂直，防止损伤螺母 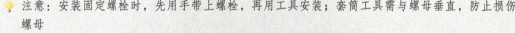 | | |
| 5<br>起动车辆<br>1）连接 12V 蓄电池负极线并拧紧固定螺母 |  | 蓄电池负极是否连接 □ |

（续）

| 实施步骤 | 标准/图示 | 操作要点 |
|---|---|---|
| 2）踩下制动踏板，按下起动开关，起动车辆（仪表屏出现"READY"状态） |  | 仪表"READY"灯是否能点亮 □ |
| 6<br>运行语音助手 App<br>1）单击中控屏左侧功能栏的传声器按钮<br>2）尝试使用语音指令，检查传声器拾音情况<br>3）收听语音助手的音频反馈，检查扬声器的发音情况 |  | 对语音助手说出"＿＿＿＿＿"语音指令，语音助手反馈"＿＿＿＿＿"语音<br><br>传声器拾音情况是否正常 □<br><br>扬声器发音是否正常 □ |
| 7<br>关闭车辆<br>1）按下车辆起动/关闭按钮，关闭车辆<br>2）使用 10mm 套筒拆卸 12V 蓄电池负极固定螺母并断开负极线束 | <br> | 是否关闭点火开关 □<br><br>是否断开蓄电池负极 □ |

（续）

| 实施步骤 | 标准/图示 | 操作要点 |
|---|---|---|
| 💡 注意：断开蓄电池电源时，不能先拆卸蓄电池正极线缆。由于拆装工具是金属制成的，如果先卸下正极，由于负极已连接到外壳，则工具容易碰到外壳并使正极和外壳短路，这是非常危险的，轻者会造成蓄电池短路损坏，严重的话会引发汽车起火 |||
| 8<br>拆卸传声器<br>1）工具准备<br>2）断开连接线束<br>3）使用内六角套筒工具拆卸4颗传声器固定螺栓，并放置于螺栓盒内 | <br> | 使用_____<br>工具拆卸传声器 |
| 9<br>拆卸扬声器<br>1）拔出扬声器线束接线口<br>2）用工具拆卸扬声器支架螺栓，取出扬声器，并摆放在工作台上 | <br> | |

（续）

| 实施步骤 | 标准/图示 | 操作要点 |
|---|---|---|
| **10** 扬声器、传声器及固定螺栓清洁<br>1）使用干净无纺布清洁扬声器、传声器<br>2）清洁螺栓盒<br>3）清洁固定螺栓并放置于螺栓盒内 |  | 是否清洁扬声器、传声器 □<br><br>是否清洁固定螺栓并放置于螺栓盒内 □ |
| **11** 清洁工具并整理<br>1）使用干净无纺布分别清洁使用过的拆卸装调工具<br>2）将工具归位到工具盒内<br>3）关闭万用表电源，使用干净无纺布清洁万用表，并整理好表笔 |  | 是否清洁拆卸装调工具 □ |

（续）

| 实施步骤 | 标准/图示 | 操作要点 |
|---|---|---|
| **12**<br>清洁车辆和实训工作台<br>1）使用干净无纺布清洁实训车上接触过的区域<br>2）清洁工作台，并叠好无纺布放置于合适位置<br>3）清洁整理流程完毕，卸下安全防护用品并整理放好后离开实训区域 | 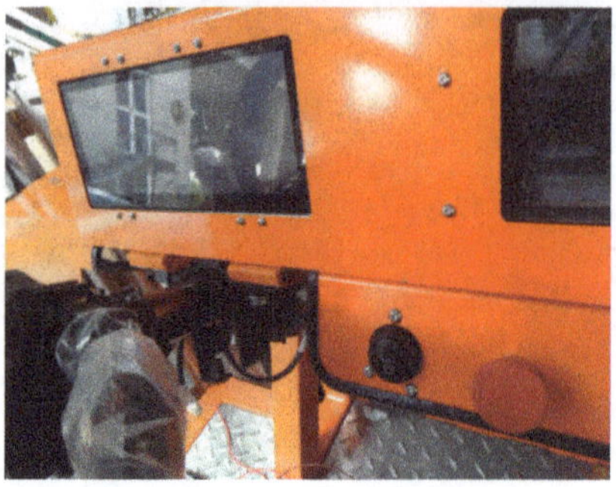 | 是否清洁实训车上触碰过的区域 □<br><br>是否清洁智能座舱测试装调台架触碰过的区域 □<br><br>是否清洁工作台 □<br><br>是否卸下并整理好安全防护工具 □ |

## 1.6 任务评价与小结

### 1. 任务评价

见附录 A。

### 2. 任务小结

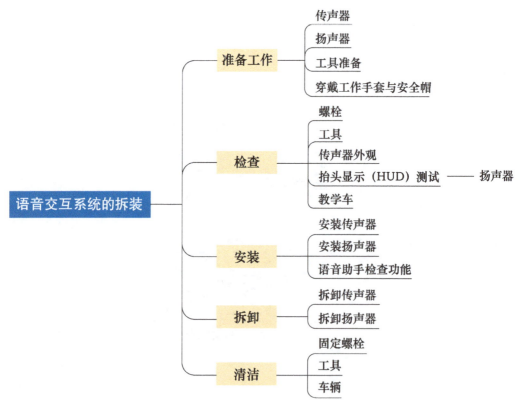

# 学习任务 2
# 触控交互系统的拆装与调试

## 2.1 任务导入

车辆在行驶过程中制动过猛，车内饰品撞击了中控屏，中控屏外玻璃破碎，需要更换。初级技术人员需要拆装触控交互系统并完成系统调试。

## 2.2 任务分析

| | |
|---|---|
| 知识目标 | 1. 了解触控交互系统技术的发展现状与趋势。<br>2. 了解触控交互系统的作用、结构及特点。<br>3. 熟悉触控交互系统的工作原理。 |
| 技能目标 | 1. 能够熟练使用触控交互系统装调时所需的工具。<br>2. 能够独立完成触控交互系统的拆装。<br>3. 能够独立完成触控交互系统的调试。 |
| 素养目标 | 1. 养成良好的行为规范和职业道德。<br>2. 培养良好的团队意识及沟通交流能力。<br>3. 养成善于思考、深入研究等良好的自主学习习惯并培养创新精神。 |

## 2.3 任务资讯

### 1. 视觉交互技术概念

（1）视觉定义　视觉交互是人机交互领域中最重要的组成部分，因为人通过眼睛观察世界，感知周围环境，捕捉视觉信号，是人类获取外界信息最高效也是最主要的方式。脑部将眼睛接收到的物象信息（图2-1）分析出四类主要资料：有关物象的空间、色彩、形状及动态。有了这些数据，我们就可辨认外物并对外物做出及时和适当的反应。

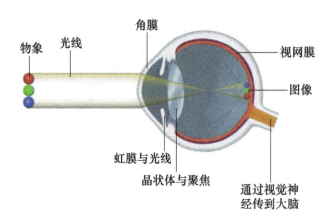

图2-1　人类获取外界信息方式之一

视觉是人的一种感官类型，人通过这个感官可以了解到外界信息，感知物体，被激发情绪。人的视觉能感受到红、橙、黄、绿、蓝等不同的色彩。红色视觉感强烈、橙色视觉感较强烈、黄色视觉感一般、绿色视觉感温和、蓝色视觉感宁静等。

例如WiFi信号，绿色信号代表强，黄色信号代表中等，红色信号代表弱（图2-2）。

又或者我们通过观察仪表盘上图标的颜色来判断车辆状况。例如红色的电池图标会给我们的视觉带来强烈的感受，由此就能大概判断出电池出现故障（图2-3）。

图2-2　不同的色彩代表不同的信号强弱　　　图2-3　电池故障图标

（2）交互定义　交互，即交流互动。通过某个具有交互功能的硬件，让用户不仅可以获得相关资讯、信息或服务，还能使用户与硬件相互交流与互动,最终达到控制的效果。

因此,我们也可以将交互理解成是一种连续的行为反馈,需要多次交互才能达到用户满意的结果。例如用户感到车内播放的音乐音量有点小,想调大音量,通过与汽车上搭载的智能系统进行信息交换,可以通过某个手势动作控制加大音量,系统接收到用户信息后调整音量(需要多次调整),实现人机双向反馈(图2-4)。

图2-4　手势识别控制音量大小

(3)视觉交互概述　视觉交互是指在人机交互中,系统利用视觉元素直观地向用户展示信息,例如车辆仪表盘的数据(图2-5),引导用户执行操作并对操作的结果提供反馈的整个过程。

图2-5　仪表盘

## 2. 视觉交互技术的三要素

视觉交互技术包括交互数据可视化(内容可视化)、交互设计和交互媒介(智能硬件)三个组成部分。

(1)视觉交互数据可视化　数据可视化是将大量的数据、信息和知识转化为图形、图表和视频,充分利用人类对其快速识别的能力,清晰有效地传达信息,实现交互过程。人通过与可视界面交互,从而形象、直观地表现、解释、分析、模拟或发现隐藏在数据内部的特征和规律,提高人对事物的观察、记忆和理解能力(图2-6)。

图 2-6 数据可视化

广义的数据可视化涉及信息技术、统计分析、图形学、交互、地理信息等多种学科。图 2-7 所示为汽车仪表盘上的数据可视化界面。

图 2-7 仪表盘上的数据可视化界面

三维图像的可视化,如建筑学、气象学等系统,重点在于对体、面以及光源等的逼真渲染,目的是以图形的方式说明科学数据。

图 2-8 所示的导航,通过三维图像的可视化,可以让用户在错综复杂的交通道路上找到正确的行驶路线。

图 2-8 三维图像可视化

信息可视化是用抽象数据的交互式视觉表达来加强人类认知。地理信息、文本（数字）、柱状图、趋势图、流程图、树状图等，都属于信息可视化，这些图形的设计将抽象的概念转化成为清晰有效的信息展现出来（图2-9）。

图2-9　信息可视化

视觉设计是针对眼睛功能的主观形式的表现手段和结果。图形是人与自然界进行沟通交流的开始，图形符号往往比表达同一内容或概念的文字数据更简练、占用空间更少，而且图形更易于识别和记忆（图2-10）。

中控锁键　前照灯清洗键　后遮阳帘键　ABS指示灯　EPC指示灯　O/D位指示灯　安全带指示灯

机油指示灯　油量指示灯　车门指示灯　气囊指示灯　制动盘指示灯　驻车制动指示灯　冷却液温度指示灯

转向灯指示灯　远光指示灯　洗涤液指示灯　雾灯指示灯　示廓指示灯　内循环指示灯　VSC指示灯

图2-10　仪表盘图标一览

（2）视觉交互设计　智能座舱中的视觉交互设计使用了相关的显示设备和人机交互界面（HMI），能够合理安排有效清晰的信息，引导用户进行简洁合理的控制反馈，制造愉悦的用户体验。

1）屏幕上的视觉交互设计。座舱视觉交互设计（图2-11）大多从"屏幕"上体现出来。由于用户对座舱内的体验需求越来越高，因此好的视觉交互设计也会给用户带来好的体验感。

很多人会疑惑为什么大屏幕操控会成为当前的交互设计主流，这个问题我们可以从另外一个熟悉的移动设备——手机去解析。

图 2-11　座舱视觉交互设计

由于屏幕可以实现单位面积的功能和信息无限扩展，手机逐渐从物理按键向屏幕虚拟按键转化，如图 2-12 所示。

图 2-12　手机按键的变化

同样在一个有限的区域，如果只用物理按键，那么这个区域只能是固定的功能，而屏幕就可以无限扩展。特别是在汽车中控屏上，集成内容会很多，交互体验就更加突出（图 2-13）。

图 2-13　有实体按键与无实体按键中控台对比

交互界面是将界面设计、引导设计和信息设计放置到一起，形成一个统一的、有内在凝聚力的架构，如图2-14所示。

图2-14　交互界面

界面设计是用来确定界面空间元素以及位置，提供用户完成任务的能力，通过它，用户能真正接触到设计信息并确定具体的功能。引导设计可以引导用户进行操作控制（例如设计按钮，引导用户去操作）。信息设计能够有效地沟通信息，表达想法，它是这个层面中范围最广的一个要素。

界面设计考虑可交互元素的不足，导航设计考虑在产品中引导用户移动的元素安排，信息设计考虑传达给用户的信息要素的排布，解决并弥补"产品框架层的逻辑排布"的感知呈现问题。

人的视觉首先有意识地感知具有较强刺激度的信息，这是视觉流程的第一阶段，也是获取信息的开始。人在观察或者阅读的时候，视线有一种自然流动的习惯。一般来说，都是从左到右、从上到下、从左上到右下流动，在流动过程中，人的视觉注意力、使用频率、操作难易性会逐渐减弱。

当视觉信息在构成、色彩、形态方面形成与画面周围环境的相异性，就会引起人们的视觉兴趣，从而在画面内按一定顺序进行流动，并接受其信息。

视线流动的顺序，还要受到人的心理顺序和思维逻辑的影响。由于眼睛的水平运动比垂直运动快，因而在观察视觉物象时，人们容易关注水平方向的物象，然后才注意垂直方向的物象。

一般来说，面积份额大的、鲜艳的色块容易吸引观者的视线。色彩的明度、饱和度、冷暖度的差异性，都会使观者产生不同的视觉层次感。

人们的视线总是关注刺激力强度最大之处，当视觉物象各构成要素形成由强到弱的关系时，自然依据刺激力度的强弱比例，形成一定的视觉顺序，以期达到信息的明确导读。

驾驶员的眼睛对于画面左上方的观察力要优于右上方，同时上半部注目价值高（离眼睛近），下半部则容易让人忽略。根据视觉影响力，汽车中控屏常见操作界面的设计是左侧强于右侧，如图 2-15 所示。

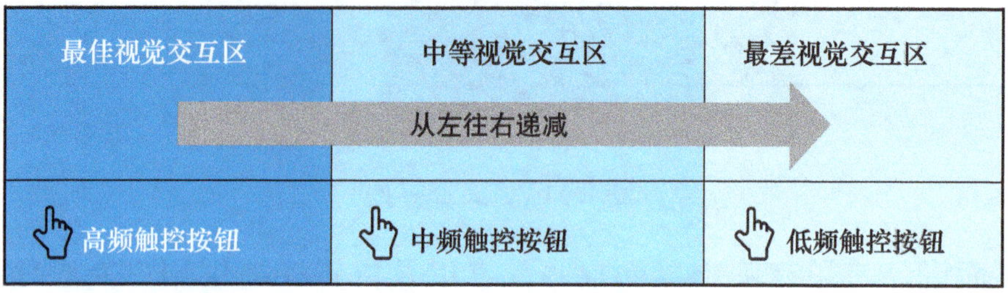

| 最佳视觉交互区 | 中等视觉交互区 | 最差视觉交互区 |
|---|---|---|
| 从左往右递减 → | | |
| 高频触控按钮 | 中频触控按钮 | 低频触控按钮 |

图 2-15　车载中控屏视觉交互界面设计

在最佳视觉交互区内，布置需要强操作和重要的内容（如车速、档位）。在中等视觉交互区，布置相对次要的内容，如果需要让用户注意到某些特定的次要内容，可以用动态展示的方式捕捉用户的注意力（如导航）。在最差视觉交互区内，因为驾驶员无法看清楚相应内容，所以可以布置不太重要的内容（如音乐）。

稳定的快捷操作入口，可以用来提升用户的使用信心和效率；高频操作的控件可以放在更加醒目的地方（如空调按钮）。

因此，这样的视觉交互界面设计具有操作简易性、安全性和记忆性等优点，让用户在操作系统的时候更有信心、存在感、娱乐性和场景智能化。

理想的视觉交互数据可视化应符合人的认识思维发展的逻辑顺序，自然、合理，在编排设计中也要依据人的这一视觉生理特点，使传达要素尽量按照人的视觉流程流动。

图 2-16 所示为特斯拉中控屏界面的设计，在最左边最佳视觉区域会向驾驶员展示车辆的一些重要数据，例如车速、电量、档位等。

2）常见触控交互设计。汽车触控屏的出现，源于对车内屏幕的操作。而这些操作均来自移动端的设计标准，比如苹果 iOS 设计规范中的标准手势或者谷歌 Mertiral Design 中的标准手势。

图 2-16　特斯拉中控屏操作界面

常见的触控手势如图 2-17 所示。

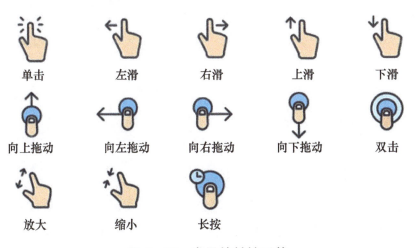

图 2-17　常见的触控手势

①单击：激活控件或选择一个项目。

②滑动：上下滑动或者左右滑动来连续移动需要查看的内容。

③按住并拖动：在屏幕上左右或者上下移动某个元素。

④双击：放大或缩小内容或图像，并使之居中。

⑤捏：外捏时放大，内捏时缩小。

⑥长按：进入文本或内容编辑状态。

为了满足手机屏幕外观改变、屏内显示内容越来越多元化的需求，安卓（Android）底部导航栏按键从左至右分别为：返回上一级、返回主页和多任务(图 2-18)。

在车机系统中,也融入了一些特殊手势,比如理想 one 采用"三指下滑"的手势交互替代"返回主页"的图标按键(图 2-19)。

图 2-18 安卓底部导航栏

图 2-19 "三指下滑"表示返回主页

(3)视觉交互媒介 视觉交互媒介就是搭载视觉交互功能的智能硬件,例如汽车上的各种显示屏、手机、计算机屏幕、iPad、智能魔镜(图 2-20)、3D 智能感应地板等,具有易学习、易使用和易沟通等优点。

根据不同的功能场景和展示内容,在智能座舱中使用合适的交互媒介,分别是驾驶员仪表屏、中控台控制屏、后排娱乐屏、前排乘客信息屏和扶手控制屏(其安装位置如图 2-21 所示)。其中前三个是目前主流的配

图 2-20 智能魔镜

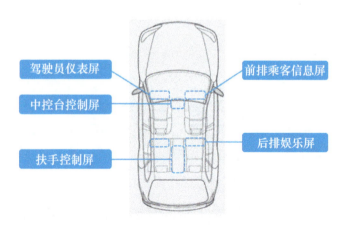

图 2-21 显示屏安装位置

置，后两个比较少见。

驾驶员主要是对车辆行驶信息状态和车辆附件设备状态的关注需求较大，而乘客位置主要是对多媒体以及外设需求较大。

因此，每个位置上的交互媒介也不尽相同（图2-22）。

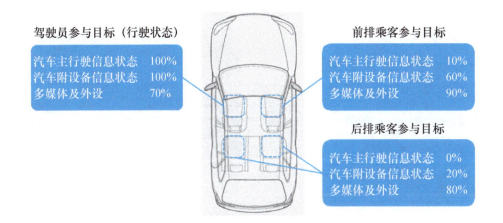

图2-22 舱内不同位置的交互式设计方法

目前，主流的车辆都装有驾驶员仪表屏、中控台控制屏和后排娱乐屏，这三块屏幕基本就可以满足大部分的交互需求了。

汽车内屏幕的作用按照功能总体可分为三类：主行驶信息状态、附设备信息状态、多媒体及外设（图2-23）。

| 主行驶信息状态 | 附设备信息状态 | 多媒体及外设 |
| --- | --- | --- |
| 时速表 | 空调系统 | 音乐播放 |
| 转速表 | 风量循环 | 视频播放 |
| 冷却液温度表 | 通风加热 | 倒车影像 |
| 油量表 | 座椅调节 | 行车记录仪 |
| 胎压检测 | 天窗车窗 | 蓝牙无线 |
| 里程表 | 内灯光控制 | 音响系统 |
| 定速巡航 | 地形系统 | 投屏设备 |
| 外灯光控制 | 中控车锁 | App应用 |

图2-23 汽车屏幕显示功能

### 3. 视觉交互技术在智能座舱上的应用

（1）数据可视化内容应用

1）关于汽车状况的数据可视化内容应用。例如在仪表盘上，通过数据可视化，用户可以实时知道发动机（或电机）转速、车速、档位、油箱油量（或电池电量）或各种车辆实时状态。

2）关于汽车周边环境的数据可视化内容应用。例如倒车影像显示（图 2-24）、透明 AB 柱和电子后视镜等。通过这些实时的数据可视化内容，可以让用户实时了解汽车周边环境。

图 2-24　倒车影像

3）关于路况信息和车路协同的数据可视化内容应用。例如导航信息、车速限制和堵车警告等。通过这些实时的数据可视化内容，可以让用户实时了解汽车周边路况信息和环境信息。

4）关于天气和新闻资讯等联网数据库的数据可视化内容应用。例如天气信息、新闻资讯等。通过这些实时的数据可视化内容，可以让用户实时了解天气信息和新闻信息。

5）关于娱乐和影视的数据可视化内容应用。例如音频播放、视频播放和游戏娱乐等。通过这些娱乐和影视功能的数据可视化内容，例如在塞车的时候播放视频缓解烦躁的心情，可以让用户有更多的驾驶享受。

（2）智能座舱中的视觉交互媒介

1）仪表盘。通过仪表盘让用户获取实时车辆信息状态（车速、油耗、发动机状态等）。

2）中控屏。通过中控屏让驾驶员获取实时导航信息、天气信息、娱乐和影视信息等。每种车型的中控屏各不相同，如一字屏、T 字屏、7 字屏和旋转屏等。

3）电子后视镜。通过电子后视镜（图 2-25）让驾驶员获取实时车辆后方信息。电子后视镜的优点是不受天气影响，能够改善夜间显示效果，提升安全性。

4）流媒体后视镜。流媒体后视镜就是通过车辆后置的一枚摄像头实时拍摄车辆后方的画面，并将其无损、无延迟地在中央后视镜显示屏呈现出来，即以摄像头的视角，观察车辆后方的真实情况，还可以在车辆熄火后自动开启停车监控功能。其优点如下：

①减少视觉盲区。由于流媒体后视镜通过摄像头直接拍摄车辆后方的画面，所以其所呈现的视野更广、画面也更为直观，这样能够极大地减少视觉盲区，提升行车的安全性。

②增强夜视能力。在夜间行车时，流媒体摄像头极强的夜视能力能够发挥巨大的作用，使我们在夜间行车时也能清晰地观察到后方的车流情况。

5）透明A柱。汽车A柱会遮挡部分视线造成视野盲区，通过摄像头和传感器感知环境并显示在A柱屏幕上的技术，看上去像是把A柱变成透明的一样（图2-26），再通过增强现实的方式，对被遮挡的行人等进行提示处理，极大地提高了驾驶的安全性。

图2-25 电子后视镜

图2-26 透明A柱

6）抬头显示。抬头显示（HUD）可以把时速、导航等重要的行车信息，投影到驾驶员前面的风窗玻璃上，让驾驶员尽量做到不低头、不转头就能看到时速、导航等重要的驾驶信息，提高驾驶安全性。

### 4. 汽车座舱视觉交互的变更

（1）硬件的变更

1）早期常规仪表。早期常规仪表包含车速里程表、转速表、机油压力表、冷却液温度表、燃油表、充电表等，如图2-27所示。之后汽车仪表还需要装置稳压器，专门用来稳定仪表电源的电压，抑制波动幅度，以保证汽车仪表的精确性。

2）电气式仪表。电气式仪表如图 2-28 所示，显示屏显示的信息更加清晰。从保有量来看，比较合理的方案是采用机械仪表结合数字仪表的方式，例如车速、转速信息采用指针，指示灯信息采用 LED 灯点亮形式，而其他信息则采用薄膜场效应晶体管（TFT）屏。因为车内面临的环境复杂，例如，夏季是否使用空调，冬季是否使用暖器，所以冬夏两季都会有剧烈的温差变化，温差则会导致元器件膨胀/收缩，发生损坏。

由于成本及市场对新科技稳定性的担忧，目前电气式仪表在市场上应用较广泛。

图 2-27　早期常规仪表　　　　　　　图 2-28　电气式仪表

3）全数字仪表。全数字仪表是指集成了网络化、智能化的仪表，如图 2-29 所示。其功能更强大，显示内容更丰富，线束连接简单，全面，人性化。屏幕显示取代了指针、数字等最具代表性的部分，而且更容易同网络、外设及其他应用相连接。

图 2-29　全数字仪表

（2）交互方式的变更

1）触摸按钮交互方式。早期的座舱，驾驶员通过触摸按钮、拨动或者旋转开关控制车内设备。

2）手势识别交互方式。手势交互可以实现接挂电话、调节音量、选择歌曲、控制导航、控制车辆空调、控制座椅和窗户等功能。

3）人脸识别。驾驶时分心可能会将人的注意力从主要活动（驾驶任务）中分离，危及驾驶员、乘客和行人的安全，因此，在座舱中人脸识别功能可以随时监测驾驶员的疲劳状态。

4）语音识别交互方式。当汽车上的语音控制功能激活后，车辆会识别用户的语音，然后执行相应的命令，例如打开刮水器、关闭刮水器、打开车窗等功能。

（3）交互信息的展示变更　交互信息的展示由单一的信息展示（例如汽车状态、导航、音乐等）和复杂的功能按钮，发展到高度集成化、多样化、智能化和网联化的信息展示，集成汽车状态、导航、影视、天气、新闻资讯以及驾驶员状态的交互信息。

### 5. 一机多屏技术概念

在智能座舱中，屏幕作为展示内容和传递信息的重要载体，无论是在功能、外观和布局上，都有着飞速的发展和变革。

在座舱中实现多屏互动，各个屏幕之间实现信息的互联互通但是又可以做到互不干涉，以及基于车联网与手机、iPad 等移动设备进行跨设备联动，都是为了给用户提供更好的驾驶体验和安全体验（图 2-30）。

随着显示屏技术的不断成熟，汽车中控越来越大，清晰度越来越高，功能越来越丰富，传统仪表盘被全液晶屏取代，物理按键变为触控按键（图 2-31）。硬件的"虚拟化"设计，让未来座舱的显示充满了科技感。

图 2-30　汽车上一机多屏应用

图 2-31　触控按键

### 6. 一机多屏技术发展的驱动因素

（1）车内外感知和交互数据以及网络信息的多样化和复杂化　目前，车舱内的屏幕很多，包括仪表、中控、车辆控制屏、前排乘客屏、流媒体后视镜、区域显示屏和后排屏幕等设备。这些屏幕的设计，承载了不同的信息分布，每一个屏幕都有自己的任务和分工。

全数字仪表、中控屏、功能控制屏和 HUD 偏向驾驶员一侧（图 2-32），方便驾驶员实时观看诸如车辆状态、导航信息和倒车影像等信息。通过分屏的方式（图 2-33），把不同的信息分别在不同的屏幕上展现给驾驶员，在保证驾驶员能够快速扫描和理解屏幕内容的基础上，运用简洁易读的元素和一致的设计语言，减少驾驶员的认知负荷，降低驾驶员的注意力分散。

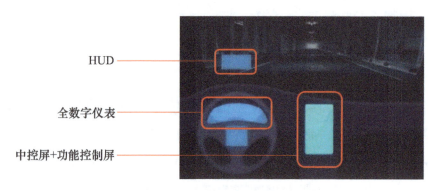

图 2-32　驾驶员侧屏幕分布

a）HUD 展现车速以及导航路线

b）全数字仪表屏展现车辆状态信息

c）中控屏展现导航、影音娱乐以及附设备功能按钮

图 2-33　通过分屏把信息传递给驾驶员

前排乘客娱乐屏（图 2-34）与后排娱乐屏（图 2-35）则为乘客提供了娱乐和周边信息等功能。这样一来，驾驶员、前排乘客以及后排乘客就能使用单独的屏幕而不会互相干扰，满足了舱内不同乘客的乘车需求。

图 2-34　前排乘客娱乐屏　　　　　　　图 2-35　后排娱乐屏

乘客对个性化和屏幕之间的交互性的需求逐渐增强。多屏融合的汽车座舱开始受到重视，包括各种功能的集成以及软硬件的集成。车载信息娱乐解决方案、驾驶信息、多功能信息显示、抬头显示、高级驾驶辅助系统和车联网，可通过易于操作的集成式人机交互界面进行访问。

比如，开关机、导航的多屏联动，不同位置用户显示屏之间实时切换（例如，驾驶员接到电话不方便接通时，轻轻一个手势，即可将电话转到前排乘客或后排乘客位置）。

娱乐信息共享化也变得更为方便，例如，我们可以将自己喜欢的视频、图片等分享给其他乘客，以实现屏幕的共享。

（2）消费者期望更智能、多线程、主动交互的车载娱乐系统　随着信息技术（IT）及消费电子产业的繁荣，用户可以充分享受平板电脑、智能手机等智能终端带来的丰富、优质的交互体验；用户对于这种体验形成习惯后，交互体验将会向汽车座舱蔓延，例如可以在中控屏上玩游戏。

为了满足用户对车载交互体验的新需求，车载中控屏正向高清化、大屏化方向发展，如图 2-36 所示。屏幕信息能够根据用户的不同需求，在多屏间实现交互自由。

为了提升驾乘人员的使用体验，越来越多的汽车座舱采用一机多屏技术，增加前排乘客以及后排娱乐系统，并且在人机界面（HMI）设计时考虑为同乘人提供更多的娱乐及社交相关信息服务，如图 2-37 所示。

图 2-36 高清化和大屏化中控屏

注：1in=2.54cm。

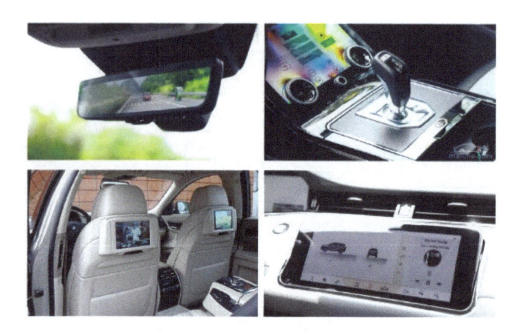

图 2-37 一机多屏应用

随着智能驾驶、智能网联的逐渐渗透，对于汽车的算力、处理能力等各方面都提出了更高的要求。以我们使用的手机为例，以前的照片可能只需要几十千字节的储存空间，但是随着手机像素、照片分辨率越来越高，一张照片的大小随随便便就达到几兆字节，这就需要手机有更大的储存空间，因此现在手机内存都是 64GB、128GB 起步，随着所需要处理的数据越来越多，对应的手机芯片算力也越来越高。

随着智能座舱的屏幕和传感器数量越来越多，数据处理和协同需求也会越来越高。以域为单位的域控制器（DCU）集成化架构利用处理能力强大的多核CPU/GPU芯片相对集中地控制原本归属各个电子控制单元（ECU）的大部分功能，以此来取代传统的分布式架构（图2-38）。高效而安全的架构为一机多屏的推广和应用提供了保障。

全数字仪表　　　　　　片上系统（SoC）芯片、　　左后座娱乐系统　　右后座娱乐系统
　　　　　　　　　　　微控制单元（MCU）芯片
　　车载导航仪　车载娱乐系统

图 2-38　一机多屏通过 SoC 芯片和 MCU 芯片加以连接

（3）整车厂寻求差异化产品卖点并借此托举产品定位　从消费需求角度来看，产品差异包括消费者对类似产品的不同态度，产品差异的原因就包括了引起购买者决定购买某种产品而非另一种产品的各种原因。因此，不少整车厂寻求差异化产品卖点并借此托举产品定位。

### 7. 一机多屏技术发展的特点

（1）信息的获取更直接、更全面　信息传达更直接，减少用户视线转移，增强操作性，更好地为用户提供帮助，更多个性化设置。用户可以获取的信息更全面（图2-39），可以执行多个任务，切换功能层级较多。

（2）屏幕形式多样化　各个车厂为了突出品牌，除了以往的横屏设计，从特斯拉开始，竖屏也给我们打开了一个新世界，之后更是有旋转屏、悬浮屏等层出不穷，以满足内饰设计的灵活性。

通过不规则的形状，打破传统的圆形仪表、方形中控和圆形方向盘的规则，让内饰设计有了更大的自由度，给人眼前一亮的美感。例如，竖屏、一字屏、7字屏、曲面屏（图2-40）、旋转屏、悬浮屏和车窗屏等。目前，主流屏幕布局主要还是横屏或竖屏居多。

图 2-39 获取信息更全面

图 2-40 曲面屏

（3）提高行车安全性　增设了与驾驶安全相关的功能屏幕，例如抬头显示、透明 A 柱、电子后视镜、流媒体后视镜等，都是专职某项感知功能帮助驾驶员了解路况并提高行车安全性（图 2-41）。

图 2-41 安全相关的功能屏幕

另外，屏幕色彩设计仍然用较深的背景色设计，以确保其在不同场景下的应用，避免因阳光直射或夜间黑暗情况下看不清仪表。屏幕的主动交互，使其可以随着光线明暗度进行相应的调整，从而获得更好的可读性和更少的眩光。在遇到泥泞路段时，仪表颜色会产生微妙的变化；发生危险时，通过强烈的颜色变化来吸引驾驶员的注意，以保证行车安全。

（4）多屏跨终端无缝连接　多屏跨终端无缝连接提供了更多的交互可能性，多屏互联、跨屏操作和跨终端操作（例如手机控制），乘客无论在座舱内哪个位置，都能获得较好的交互体验。多屏联动不仅是屏幕的物理形式一体化，更是未来交互内容的一体化，面向驾驶员和乘客，通过信息交互，从五感角度提高座舱的用户体验，让汽车更舒适、更可靠。宝马 7 系屏幕分布如图 2-42 所示。

图 2-42　宝马 7 系屏幕分布

### 8. 一机多屏技术的应用

（1）本地多屏模式　驾驶员可根据自身需求，选择仪表盘屏幕的显示模式，乘客可以根据自身需求，选择屏幕上所展示的信息。

（2）异地多屏模式　用户可以实现手机、计算机和车机端三屏的信息交互，例如在手机或计算机端提前规划好目的地、路径，开车前直接下发给车机。

（3）导航 + 风窗玻璃屏模式　风窗玻璃被赋予展示信息的属性，可以变成一面巨大的显示器，加载各种有用的信息辅助驾驶，例如将导航信息从中控屏幕直接拖动到风窗玻璃屏进行展示。

（4）互动 + 驾驶侧面屏模式　信息的交互可以通过乘客直接传递给驾驶员，比如后排的乘客通过后座显示屏把信息拖给驾驶侧面屏，从而展示给驾驶员。

（5）全息管家的"走动"模式　利用全息屏的不同位置进行跨屏操作，信息传递更加方便，如图 2-43 所示。

（6）手机娱乐 + 天窗显示屏模式　手机和汽车内所有屏幕都可以进行联动，手机娱乐系统会结合汽车的天窗显示屏，增加更多的娱乐性，例如将电影、手游等投放到天窗显示屏，乘客躺在车里也可以享受大屏操作的快感。

图 2-43　全息管家

### 9. 一机多屏技术的发展趋势

（1）云计算 + 中央计算 + 显示终端的控制架构　云计算 + 中央计算 + 显示终端的控制架构，使得强大的车载芯片实现统一控制。例如麒麟芯片经历寒武纪 IP 授权到自研崛起，主要应用于手机 / 车机等终端。

特斯拉 Model 3 的芯片架构支持多达 11 块屏幕的汽车多屏 HMI 解决方案，高度集成的电源管理芯片除了主控芯片，车载显示器的其他外围元器件也在为了迎接多屏时代的到来进行不断升级，比如汽车显示屏的电源管理芯片。

传统的屏幕控制架构会占用有限的系统空间，采用一"芯"多屏的方案，可以有效降低设计复杂度，缩小方案尺寸，降低成本。

（2）多模式交互方案　未来的最佳交互方案必定是多模交互（触控交互、视觉交互和手势识别），用户可以设计个性化的交互界面和显示方式，使用最习惯的交互模式，更加强化和完善娱乐及社交相关的信息及服务，同时提升驾驶员以及乘客的交互体验。

（3）从多屏发展到无屏　例如全息图像、3D 虚拟图像、3D 虚拟仪表等。

随着技术的发展，未来座舱可以有更好的体验。如智能界面、数字多层次仪表盘、环绕式全息中控台，悬浮在空中的数字和信息，甚至还可以配备全息管家。全息式的虚拟驾舱可以实现更多模式的自由转换，可以根据心情或者驾驶模式随意地操控座舱内的全息环境，如基于面部识别或者手势控制等，拓展的科技方向自由度也很高。

在人工智能和物联网、新能源的加持下，如何通过技术手段实现自然的、无意识的交互，从而最大化地完善座舱用户体验，是智能座舱发展的一大重点。

### 资讯小结

## 2.4 任务准备

### 1. 任务计划

（1）工具设备介绍

| 任务模块 | 设备工具 | 功能备注 |
| --- | --- | --- |
| 触控交互系统的拆装与调试 | L3级智能网联教学车、智能座舱系统测试装调台架、数字万用表、触控笔、RJ45接口CAT.5网线、螺钉旋具套装、汽车维修工具套装、扭力扳手、固定螺栓、无纺布、安全帽、绝缘垫、工作手套 | 在本任务中，教学车是触控交互系统的载体；测试装调台架的作用是用来调试触控交互系统；万用表用于检测触控交互系统供电线路；触控笔用于触控交互系统的品质检测；测试装调通信线连接计算平台和测试装调台架，用于两者之间的数据通信 |

（2）实操预演

第一步：通过链接，熟悉任务流程。

第二步：通过链接，观看触控交互系统的拆装与调试。

### 2. 任务决策

通过对"实操预演"环节的视频学习，并经过分析与讨论后，列出完整的操作步骤。

| 步骤 | 子任务1<br>触控交互系统的拆装 | 子任务2<br>触控交互系统的调试 |
| --- | --- | --- |
| 1 | | |
| 2 | | |
| 3 | | |
| 4 | | |
| 5 | | |
| 6 | | |
| 7 | | |
| 8 | | |

（续）

| 步骤 | 子任务1<br>触控交互系统的拆装 | 子任务2<br>触控交互系统的调试 |
|---|---|---|
| 9 | | |
| 10 | | |

## 2.5 任务实施

### ▶ 子任务1  触控交互系统的拆装

（1）前期准备

**1**

准备工作和线路连接

戴好工作手套和安全帽，将中控屏、万用表和工具等摆放在绝缘垫上，并进行安装前作业

**2**

螺栓、工具检查

1）外观结构完整，表面不应有破损、变形、裂痕、生锈等问题

2）八颗固定螺栓是否齐全，螺栓螺纹无滑丝或变形，螺栓内六角无损坏或变形

3）工具齐全，使用功能正常

| 根据实际情况在"□"位置上打"√" | |
|---|---|
| 表面有无破损 | 有 □　无 □ |
| 表面有无变形 | 有 □　无 □ |
| 表面有无生锈 | 有 □　无 □ |
| 螺栓是否齐全 | 是 □　否 □ |
| 螺纹有无滑丝或变形 | 有 □　无 □ |
| 螺栓内六角有无损坏或变形 | 有 □　无 □ |
| 工具是否齐全 | 是 □　否 □ |
| 工具使用功能是否正常 | 是 □　否 □ |

（续）

### 3

RJ45 接口 CAT.5 网线外观检查

1）外观结构完整，表面不应有破损、变形、裂痕等问题

2）连接针脚无损坏、变形或生锈

| 根据实际情况在"□"位置上打"√" | |
|---|---|
| 表面有无破损、裂痕 | 有 □　无 □ |
| 表面有无变形 | 有 □　无 □ |
| 针脚有无损坏 | 有 □　无 □ |
| 针脚有无生锈 | 有 □　无 □ |

### 4

中控屏及支架外观检查

1）中控屏外观完整，无脏污、破损、划痕、裂纹、凹痕和凸点，后端针脚无损坏、变形或生锈等缺陷

2）中控屏支架无破损、变形、裂痕、掉漆或生锈等缺陷

| 根据实际情况在"□"位置上打"√" | |
|---|---|
| 中控屏有无脏污 | 有 □　无 □ |
| 中控屏有无破损、划痕、裂纹 | 有 □　无 □ |
| 中控屏有无凹痕和凸点 | 有 □　无 □ |
| 针脚有无损坏、变形或生锈 | 有 □　无 □ |
| 中控屏支架有无破损、变形、裂痕 | 有 □　无 □ |
| 中控屏支架有无掉漆或生锈 | 有 □　无 □ |

### 5

教学车检查

1）连接 12V 蓄电池负极线并拧紧固定螺母

2）踩住制动踏板，起动教学车，仪表"READY"灯能点亮，且档位处于"P"位

3）检查驻车制动指示灯是否已点亮，确保处于制动状态

| 根据实际情况在"□"位置上打"√" | |
|---|---|
| 仪表"READY"灯是否能点亮 | 是 □　否 □ |
| 档位是否处于"P"位 | 是 □　否 □ |
| 驻车制动指示灯是否点亮 | 是 □　否 □ |

（续）

**6**

检查中控屏电源及信号线束并连接

1）检查中控屏电源及信号线束外观，应完整，无破损、划痕、烧焦，检查接线口是否正常（针脚无损坏、变形或锈蚀）

2）使用万用表直流电压档，分别测量针脚1、2、5、6的供电电压是否正常（针脚1、2的标准电压都为低压蓄电池电压，针脚5、6的标准电压都为5V）

3）按下车辆起动/关闭按钮，关闭车辆

4）把中控屏摆放在车上，将中控屏电源及信号接线口连接，并确认连接无误（听到锁扣锁止声音）

| 根据实际情况在"□"位置上打"√"或根据实际情况在"＿"上填上正确答案 | |
|---|---|
| 线束外观是否正常 | 是□ 否□ |
| 1号针脚电压值 | ＿＿＿＿V |
| 2号针脚电压值 | ＿＿＿＿V |
| 5号针脚电压值 | ＿＿＿＿V |
| 6号针脚电压值 | ＿＿＿＿V |
| 车辆是否关闭 | 是□ 否□ |
| 接线口是否连接无误 | 是□ 否□ |

**7**

检查中控屏视频线束并连接

1）检查中控屏视频线束外观，应完整，无破损、划痕、烧焦，检查接线口是否正常（针脚无损坏、变形或锈蚀）

2）将中控屏视频线接线口连接，并确认连接无误（听到锁扣锁止声音）

（续）

| 根据实际情况在"□"位置上打"√" | |
|---|---|
| 线束外观是否正常 | 是 □ 否 □ |
| 接线口是否连接无误 | 是 □ 否 □ |

**8**

中控屏功能品质检测

1）踩住制动踏板，起动车辆

💡 注意：单击中控屏时，需使用触控笔，作业过程中不允许脱掉工作手套

2）使用触控笔将中控屏的亮度调到最暗和最亮，观察屏幕有无坏点

3）使用触控笔单击中控屏各个触控按钮，测试触控功能是否正常

| 根据实际情况在"□"位置上打"√"或<br>根据实际情况在"＿＿"上填上正确答案 | |
|---|---|
| 是否已经起动车辆 | 是 □ 否 □ |
| 使用＿＿将中控屏的亮度调到＿＿和＿＿，观察屏幕有无坏点 | 有 □ 无 □ |
| 触控功能是否正常 | 是 □ 否 □ |
| 屏幕显示是否正常 | 是 □ 否 □ |

（2）实操演练

| 实施步骤 | 标准/图示 | 操作要点 |
|---|---|---|
| **1**<br>关闭车辆<br>确保车辆点火开关处于关闭状态，仪表处于熄屏状态 |  | 点火开关是否关闭 □ |

（续）

| 实施步骤 | 标准/图示 | 操作要点 |
|---|---|---|
| **2**<br>断开蓄电池负极<br>使用10mm套筒拆卸12V蓄电池负极固定螺母并断开负极线缆 |   | 蓄电池负极是否断开 □ |

💡 注意：断开蓄电池电源时，不能先拆卸蓄电池正极线缆。由于拆装工具是金属制成的，如果先卸下正极，则由于负极已连接到外壳，工具容易碰到外壳并使正极和外壳短路，这是非常危险的，轻者会造成蓄电池短路损坏，严重的话会引发汽车起火

| 实施步骤 | 标准/图示 | 操作要点 |
|---|---|---|
| **3**<br>拆卸中控屏<br>1）用工具拆卸背板4颗螺栓，并取出背板<br>2）拔出中控屏线束接线口。拔出中控屏线束接线口时，注意按压住锁扣并捏住端口拔出，严禁拉拔导线<br>3）用工具拆卸中控屏支架螺栓，取出支架和中控屏，并摆放在工作台上 |   <br> | 先用工具拆卸4颗螺栓，并取出_____<br><br>中控屏线束接线是否拔出 □<br><br>用工具拆卸螺栓，取出_____，并摆放在工作台上 |

💡 注意：安装固定螺栓时，先用手带上螺栓，再用工具安装；套筒工具需与螺母垂直，防止损伤螺母

（续）

| 实施步骤 | 标准/图示 | 操作要点 |
|---|---|---|
| **4** 安装中控屏<br>1）先用支架固定中控屏<br>2）分别安装4颗支架固定螺栓，拧紧力矩为5N·m |   | |
| **5** 安装中控屏背板<br>1）固定好中控屏背板<br>2）安装背板4颗固定螺栓，并按标准力矩拧紧（10 N·m） | 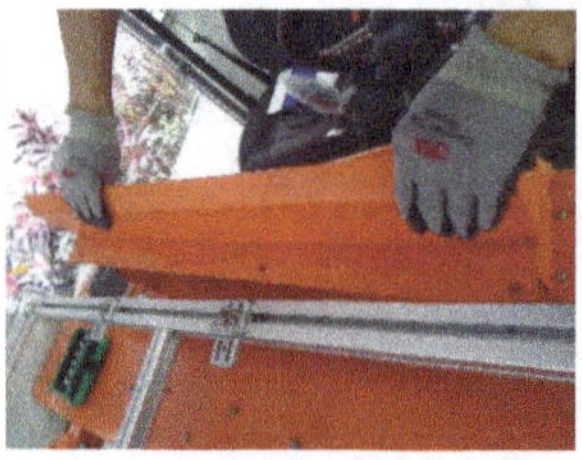 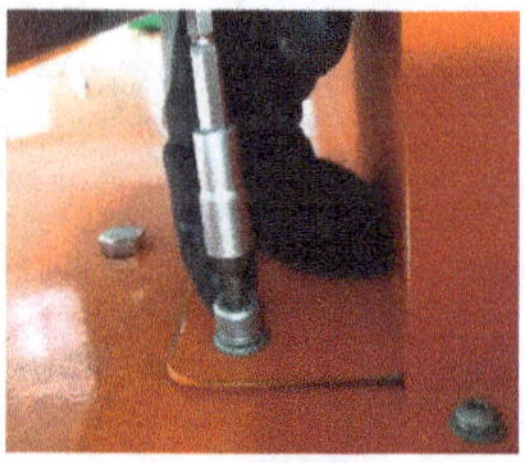 | 先用_____固定中控屏，再安装_____，拧紧力矩为_____。<br><br>最后安装_____，<br><br>拧紧力矩为_____ |
| **6** 中控屏及固定螺栓清洁<br>1）使用干净无纺布清洁中控屏、支架和背板<br>2）清洁螺栓盒<br>3）清洁固定螺栓并放置于螺栓盒内 |   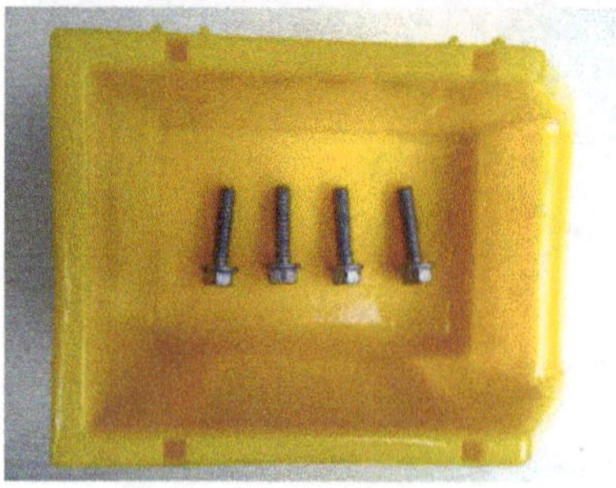 | |

学习任务 2　触控交互系统的拆装与调试

（续）

| 实施步骤 | 标准/图示 | 操作要点 |
|---|---|---|
| **7**<br>清洁工具并整理<br>1）使用干净无纺布分别清洁使用过的拆卸装调工具<br>2）将工具归位到工具盒内<br>3）关闭万用表电源，使用干净无纺布清洁万用表，并整理好表笔 | 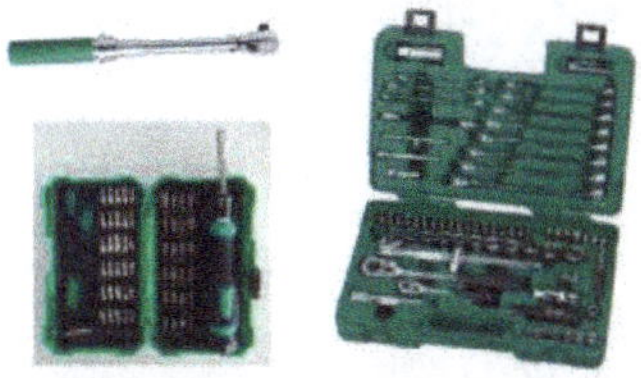 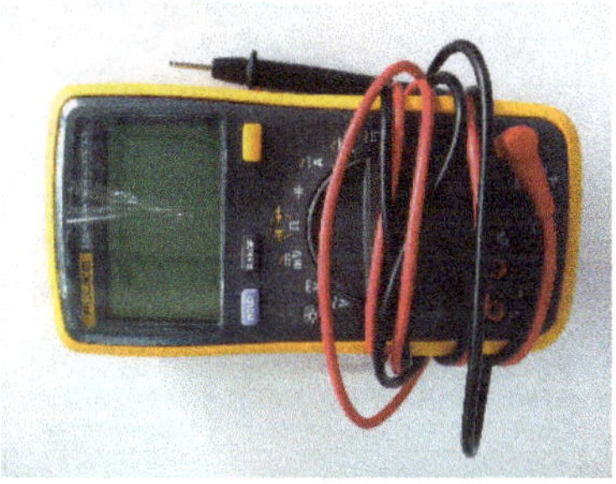 | 是否清洁中控屏 □<br><br>是否清洁固定螺栓并放置于螺栓盒内 □<br><br>是否清洁拆卸装调工具 □ |
| **8**<br>清洁车辆和实训工作台<br>1）使用干净无纺布清洁实训车上触碰过的区域<br>2）清洁工作台，并叠好无纺布放置于合适位置<br>3）清洁整理流程完毕，卸下安全防护用品并整理放好后离开实训区域 |  | 是否清洁实训车上触碰过的区域 □<br><br>是否清洁智能座舱测试装调台架触碰过的区域 □<br><br>是否清洁工作台 □<br><br>是否卸下并整理好安全防护工具 □ |

## ⏵ 子任务 2　触控交互系统的调试

（1）前期准备

| | |
|---|---|
| **1**<br>准备工作<br>戴好工作手套和安全帽，将工具摆放在绝缘垫上，并进行调试前作业 | |

057

（续）

## 2
工具检查

1）外观结构完整，表面不应有破损、变形、裂痕、生锈等问题
2）工具齐全，使用功能正常

| 根据实际情况在"□"位置上打"√" | |
|---|---|
| 表面有无破损 | 有□ 无□ |
| 表面有无变形 | 有□ 无□ |
| 表面有无生锈 | 有□ 无□ |
| 工具是否齐全 | 是□ 否□ |
| 工具使用功能是否正常 | 是□ 否□ |

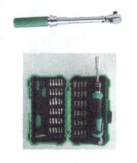 

## 3
网线外观检查

1）外观结构完整，表面不应有破损、变形、裂痕等问题
2）检查网线两个接线口是否正常（针脚无损坏、变形或锈蚀）

| 根据实际情况在"□"位置上打"√" | |
|---|---|
| 表面有无破损、裂痕 | 有□ 无□ |
| 表面有无变形 | 有□ 无□ |
| 针脚有无损坏 | 有□ 无□ |
| 针脚有无生锈 | 有□ 无□ |

## 4
检查计算平台并连接

1）检查计算平台 ETH-2 端接线口是否正常
2）正确连接网线

| 根据实际情况在"□"位置上打"√" | |
|---|---|
| 计算平台 ETH-2 接线口是否正常 | 是□ 否□ |
| 网线是否正常连接 | 是□ 否□ |

（续）

**5**

检查智能座舱系统测试装调台架并连接

1）检查台架车轮是否锁止

2）检查台架电源插口、电源线和电源线插头是否正常

3）检查智能座舱系统测试装调台架 RJ45 接线口是否正常

4）正确连接网线

5）接上台架电源线并按下台架电源开关

| 根据实际情况在"□"位置上打"√" | |
|---|---|
| 智能座舱系统测试装调台架电源插口是否正常 | 是 □  否 □ |
| 智能座舱系统测试装调台架 RJ45 接线口是否正常 | 是 □  否 □ |
| 网线是否正常连接 | 是 □  否 □ |

（2）实操演练

| 实施步骤 | 标准/图示 | 操作要点 |
|---|---|---|
| **1**<br>起动教学车<br>1）连接 12V 蓄电池负极线并拧紧固定螺母<br>2）踩下制动踏板，按下起动开关，起动车辆（仪表屏出现"READY"状态）<br>3）下滑中控屏，确认已经连接上"xavier_uAP"热点，如果未连接，稍等片刻，等计算平台准备就绪，即可自动连接 | <br><br> | 仪表"READY"灯是否能点亮 □<br><br>档位是否处于"P"位 □<br><br>是否已连接热点 □ |

（续）

| 实施步骤 | 标准/图示 | 操作要点 |
|---|---|---|
| **2**<br>运行 EISAONCAR 软件<br>1）回到中控屏桌面，左滑界面找到 EISAONCAR 软件的图标，并单击使其运行<br>2）运行后显示软件界面 |  | 软件界面的正下方，显示"＿＿＿"提示文字 |
| **3**<br>运行测试软件<br>1）打开智能座舱系统测试装调台架上的一体机电源<br>2）台架起动成功后，在一体机桌面找到"智能座舱系统测试软件"快捷方式并双击运行 |  | |
| **4**<br>调试触控交互系统<br>1）单击导航区中的"中控"按钮，跳转到中控屏测试界面<br>2）查看界面是否正常，若显示界面为空白，说明未连接成功，应检查线束连接是否正常，计算平台是否正确传输数据<br>3）选择测试模式为"偏移测试"，单击"开始测试"<br>4）开始测试后，教学车上的中控屏进入测试状态，显示一个白色矩形，使用触控笔准确单击白色矩形。<br>单击中控屏后，测试软件上会显示刚刚单击的坐标数据。坐标数据包括目标坐标、单击坐标、偏移量 |  <br>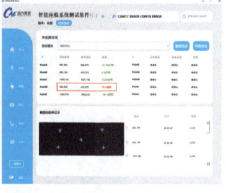 | 中控屏测试界面是否显示正常 □ |

💡 注意：单击中控屏时，需使用触控笔，作业过程中不允许脱掉工作手套

（续）

| 实施步骤 | 标准/图示 | 操作要点 |
|---|---|---|
| 5）在中控屏上的不同位置将依次显示10个白色矩形，依次在中控屏上单击10次白色矩形。每单击一次，在测试软件上就会显示对应的坐标数据：偏移量不超过 ±30 时，说明屏幕触控功能正常，此时偏移数据显示绿色；偏移量超过 ±30 时，说明屏幕触控功能异常，此时偏移数据则显示红色<br>6）单击10次完成后，中控屏恢复到软件界面初始状态<br>7）如需重新测试，单击"重新测试"按钮即可<br>8）记录测试数据 | 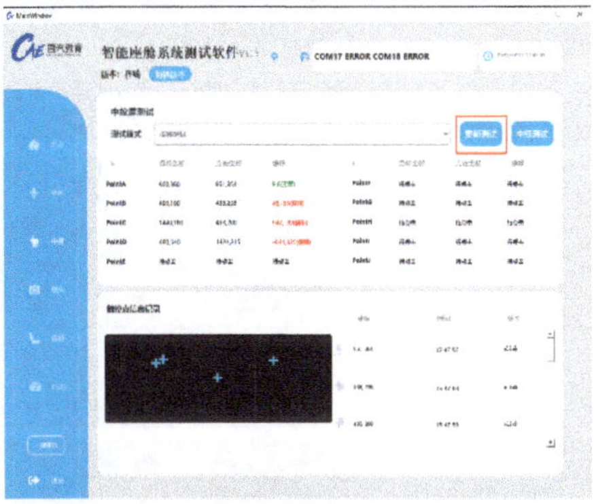  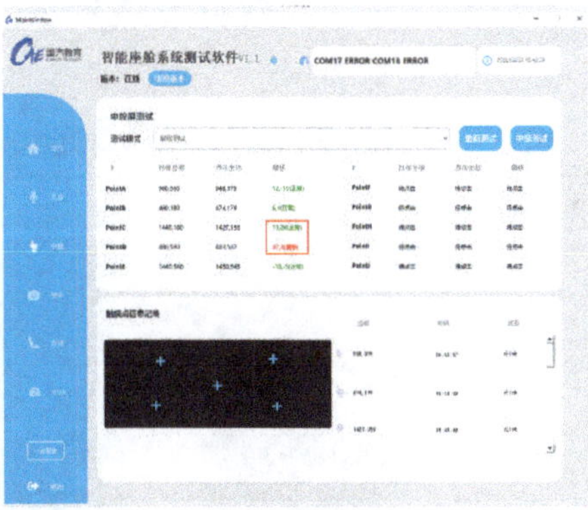 | 在中控屏上用____依次单击不同位置的10个白色____<br><br>如果偏移量超过_____时，则说明屏幕触控功能异常，此时偏移数据显示_____色<br><br>结论：中控屏是否正常 □ |
| 5<br>关闭车辆<br>确保车辆点火开关处于关闭状态，仪表处于熄屏状态 |  | 点火开关是否处于关闭位置 □ |

061

（续）

| 实施步骤 | 标准/图示 | 操作要点 |
|---|---|---|
| **6**<br>断开蓄电池负极<br>使用 10mm 套筒拆卸 12V 蓄电池负极固定螺母并断开负极线缆 |   | 使用_____拆卸 12V 蓄电池负极 |
| 💡 注意：断开蓄电池电源时，不能先拆卸蓄电池正极线缆。由于拆装工具是金属制成的，如果先卸下正极，则由于负极已连接到外壳，工具容易碰到外壳并使正极和外壳短路，这是非常危险的，轻者会造成蓄电池短路损坏，严重的话会引发汽车起火 | | |
| **7**<br>关闭台架<br>1）关闭测试软件<br>2）关闭智能座舱测试装调台架上的计算机<br>3）关闭智能座舱测试装调台架电源开关并拔出电源线 |  | |
| **8**<br>清洁工具并整理<br>1）使用干净无纺布分别清洁使用过的拆卸装调工具<br>2）将工具归位到工具盒内 |  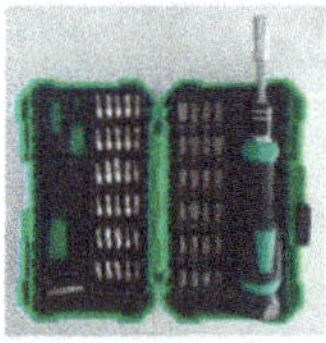  | |
| **9**<br>清洁整理线束<br>1）使用干净无纺布清洁网线两端插接口及智能座舱系统测试装调台架电源线插头、插口<br>2）清洁网线与智能座舱系统测试装调台架电源线束表面<br>3）捆绑好网线和智能座舱系统测试装调台架电源线并放置于清洁的工作台上 |  | 是否清洁测试装调通信线及两端口 □ |

（续）

| 实施步骤 | 标准/图示 | 操作要点 |
|---|---|---|
| **10**<br>清洁车辆、台架和实训工作台<br>1）使用干净无纺布清洁实训车上触碰过的区域<br>2）使用干净无纺布清洁智能座舱系统测试装调台架<br>3）清洁工作台，并叠好无纺布放置于合适位置<br>4）清洁整理流程完毕，卸下安全防护用品并整理放好后离开实训区域 |  | 是否清洁智能座舱测试装调实训台架电源线及端口 □<br><br>工具是否有丢失情况 □<br><br>是否清洁实训车上触碰过的区域 □ |

## 2.6 任务评价与小结

### 1. 任务评价

见附录 B 和附录 C。

### 2. 任务小结

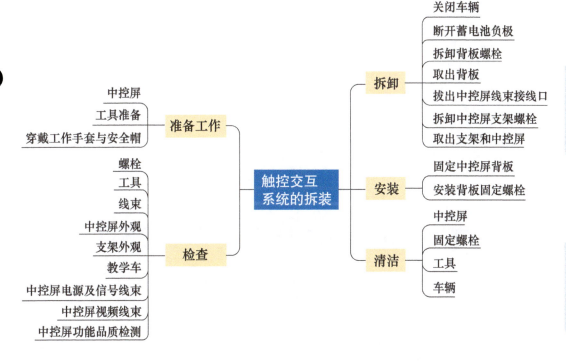

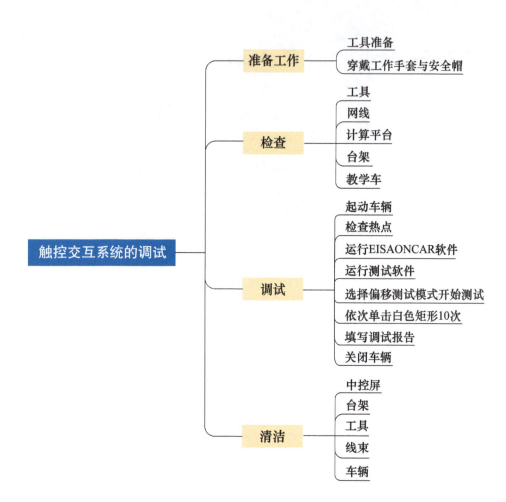

# 学习任务 3
# 智能座椅系统的拆装与调试

## 3.1 任务导入

客户 1 在购买车辆时没有选配电动座椅,后期到店升级为电动座椅。客户 2 的车辆座椅时不时控制失灵,要多按几次才有反应。初级技术人员需要完成原座椅的拆装及电动座椅系统的安装与调试。

## 3.2 任务分析

| | |
|---|---|
| 知识目标 | 1. 了解智能座椅系统技术的发展现状与趋势。<br>2. 了解智能座椅系统的作用、结构及特点。<br>3. 熟悉智能座椅系统的工作原理。 |
| 技能目标 | 1. 能够熟练使用智能座椅系统装调时所需的工具。<br>2. 能够独立完成智能座椅系统的拆装。<br>3. 能够独立完成智能座椅系统的调试。 |
| 素养目标 | 1. 养成良好的行为规范和职业道德。<br>2. 培养良好的团队意识及沟通交流能力。<br>3. 养成善于思考、深入研究等良好的自主学习习惯并培养创新精神。 |

## 3.3 任务资讯

### 1. 汽车座椅的发展

(1) 传统座椅的概念 在乘用车上,座椅是与人体接触最多也最直接的一个部件。一个座舱里可以没有中控,可以没有加速、制动踏板,甚至可以没有方向盘,但是一定不会没有座椅。在99%的出行时间里,驾驶员自然都是坐在座椅中,而座椅则承担着提升用户体验和保护用户安全的作用(图3-1)。

图3-1 汽车座椅

(2)汽车座椅的演变 看似很简陋的"奔驰1号",通过增加弹簧、替换填充物、更换表面材料,逐渐演变成大沙发式座椅(图3-2)。

弹簧　　　填充物　　　增加弹簧、替换填充物、更换表面材料

图3-2 汽车座椅演变(1)

大沙发贯通式座椅虽然柔软、舒适,但无法提供足够的摩擦力和侧向支撑性,在没有安全带束缚的情况下,驾驶员和乘客会在汽车拐弯时因为离心力而左右摇摆,甚至东倒西歪。这种状态下,驾驶员自然无法准确控制车辆,是一个很大的安全隐患。20世纪50年代末期以后,弯路、山路较多的欧洲开始逐渐流行分体式座椅(图3-3)。

a) 贯通式　　　　　　　b) 分体式

图3-3 汽车座椅演变(2)

随着技术的发展，汽车座椅内部出现更多的电气电子零部件，使座椅的功能越来越丰富（图3-4）。

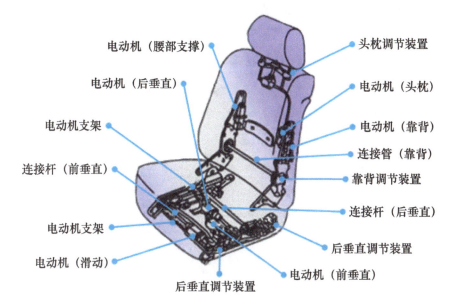

图3-4　汽车座椅演变（3）

现在的汽车座椅还增加了头枕、安全带、包裹性和支撑性设计。头枕可以固定颈椎，防止汽车追尾时损伤颈椎；安全带可以使身体固定，降低事故出现时对身体造成的惯性伤害；座椅的包裹性和支撑性，使驾驶员在进行快速驾驶时能有一个更加稳定的身体姿态来操控车辆（图3-5）。

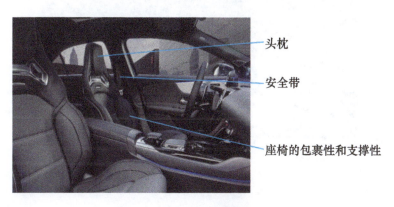

图3-5　汽车座椅演变（4）

后排座椅的变化如图3-6所示。配备的魔术座椅，可以通过向上翻折坐垫，有效地扩展了载物空间。

（3）智能座椅的定义　自动驾驶领域日渐成熟，将催生一些全新应用场景，如休闲、娱乐、社交和健康等。传统的座椅控制系统无法满足人们新的需求，更安全、更舒适、智能化及健康化体验将成为未来智能座椅的发展方向。

在智能座舱的乘坐区域（即座椅区域）中，基于新型电子电器架构和嵌入

图 3-6　汽车座椅演变（5）

式传感器的研发和人机交互技术的变革，通过一个系统的解决方案动态观测乘员的状态，并且由控制器来控制和协调该区域中的各类功能。智能座椅就是在座椅中嵌入这些作为功能载体的智能设备的同时兼顾传统座椅舒适度的融合技术。

### 2. 智能座椅的功能

（1）多向电动调节功能　配合座椅记忆功能和辨识车主后自动调节功能，能给人以无比尊贵的驾乘体验。智能座椅调节方向包括：整椅水平、整椅高度、坐垫角度、靠背角度、肩部调节、腰托调节、腿托角度、整椅旋转、坐垫侧翼和靠背侧翼等（图 3-7）。

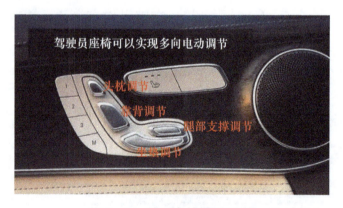

图 3-7　多向电动调节功能

智能座椅调节的目的如下：

1）驾驶状态下能够更合适地踩到制动踏板和加速踏板。

2）休息状态符合人体工程学，提高舒适性。

3）紧急状态下能够提前预警并且从平躺模式归位。

智能座椅可以更灵活地移动，不仅可以前后移动，还可以左右移动，甚至配合 360°旋转功能，座舱随时可变成面对面会晤聊天的空间（图 3-8）。

图 3-8　座椅旋转功能

（2）零重力功能　零重力可以理解为零压力，当零重力的时候，人体的全身重量都分散到座椅上，模拟太空宇宙无重力状态，使人体腿部和躯干呈 127°，心脏和膝盖在同一水平线上，人体处于一种完全放松的状态，就像在太空中飘浮的感觉，是座椅最舒适的一种状态。

"零重力"要达到的，就是根据人体的曲线特性，让座椅的型面与之匹配，从而达到充分贴合，让压力均匀释放。零重力座椅与普通座椅最大的区别就是在座椅发泡的表面（与人体直接接触区域）贴有一层 15～25mm 的超软海绵，该海绵具有高衰减、硬度特低、耐久性能好等特点。零重力座椅正因为有了这层超软海绵，使坐在座椅上的乘员身体能够完全放松，为乘员提供了一种身处外太空失重时的舒适感（图 3-9）。

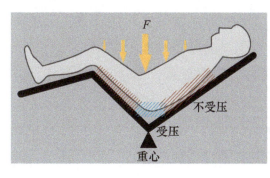

图 3-9　零重力座椅

（3）安全保护功能　汽车智能座椅在整车的安全性方面扮演着至关重要的角色，智能座椅上配置安全气囊、安全带、头枕、主动安全系统等，当碰撞事故发生时，需要智能座椅与安全带、气囊很好地配合，才能对驾乘员起到有效的保护作用（图 3-10）。

图 3-10 安全保护功能

座椅、安全带和气囊通常是一个系统。由于座椅是重要的安全部件，因此设计师们在设计时往往要将座椅、安全带和气囊作为一个系统综合考虑，这个系统叫作乘员约束系统。听上去虽然简单，但实际上有很多试验要做，否则很难满足国家的法规及碰撞测试要求。

当出现来自后方的冲击时，人体会给座椅靠背一个向后的作用力，作用力的分布呈倒"T"字形，此时最大的压力点在腰椎附近。因此，座椅工程师们对靠背内部的弹簧形式和分布做了改进，从而减轻在碰撞中座椅对身体的压力。

很多车型的坐垫会有一定的角度，在满足舒适性的同时，也可以限制车内乘员在追尾时不至于下体过度前移。目前有一种装置可以在发生追尾时将膝部的坐垫再度顶起，从而对下肢起到更强的限制滑动的作用。

根据日本研究人员做对交通事故调查的数据显示，有30%的事故来自追尾，而在追尾事故中，90%的人都会颈部受伤。这种伤害虽然不至于致死，可一旦颈部受伤，就需要比较长期的治疗，并可能会有一系列的并发症。而头枕的设计，就是为了防止颈部在追尾时受到伤害。

（4）按摩功能  智能座椅按摩功能是在智能座椅内加入气动装置，由气泵提供气压。智能座椅靠背内分别有4个或多个气压腔，实现对腰椎部的保护。同时，这些气压腔由一个装在靠背内的电子振荡器控制，电子振荡器根据事先编写的程序改变气压腔内的压力，使智能座椅椅面随之运动，达到为驾乘人员按摩的目的（图3-11）。

智能座椅振动预警和防侧倾功能也可利用这套执行机构。振动预警功能是当车辆监测到出现紧急危险状况时,通过采用振动座椅的方式将振动感知直接传递给驾驶员,起到振动预警的作用。防侧倾功能的作用是当汽车转弯的时候,座椅可以从腰部给驾乘人员一个力来抵消身体左右的晃动。

(5)座椅加热功能 智能座椅内布满了加热丝,通过对加热丝通电进行加热,使座椅在短时间内逐渐升温;而通过在加热垫内设置温度传感器,则可以监控座椅温度的变化,从而控制加热丝的通断电,保持座椅加热的温度处于合适的范围。该功能可以改善冬天时座椅因长时间停放后过凉造成的乘坐不舒适感(图 3-12)。

图 3-11 按摩功能

图 3-12 座椅加热功能

有些车型的座椅,在出厂时装备有加热设备,但需要付费后通过软硬件解耦的空中下载技术(OTA)升级才能使用。

(6)座椅通风功能 乘客坐在座椅上时,身体与椅面紧密接触,接触部分空气不流通,不利于汗液的排除,会使人体感到不舒服。智能座椅利用风扇向座椅内注入空气,空气从椅面上的小孔中流出,从而实现通风功能,有效改善了人体与椅面接触部分的空气流通环境,即使长时间乘坐,身体和座椅的接触面也会干爽舒适。

座椅通风目前有吸风式及吹风式两种（图3-13），这两种送风形式的差别在于气流形式的不同。吹风时产生的是紊流，属于主动散热，风压大但容易受到阻力损失，但乘客可以明显地感受到座椅吹风，类似于夏天吹电风扇；吸风时产生的是层流，属于被动散热，风压小但气流稳定，散热功能较好，但乘客相对于吹风形式不易感知到通风功能，类似于笔记本计算机的散热风扇。

a) 吸风式　　　　　　　　　b) 吹风式

图3-13　座椅通风功能

（7）人与座椅的人机交互功能　乘员可通过控制屏或语音甚至手机，自动控制座椅的调节、加热、通风等功能，同时交互界面可以显示当前座椅的功能状态，实现人与座椅的多层交互（图3-14）。

（8）驾驶监控功能　更先进的传感技术可以评估驾驶员的心理和身体状况，通过检测到驾驶员困倦时预测性地刺激驾驶员来减少事故，或在驾驶员注意力下降时发出警告信号，提高车辆行驶安全性（图3-15）。

图3-14　人机交互功能　　　　　图3-15　驾驶监控功能

监测项目包括：

1）驾驶员疲劳监测。依据驾驶员疲劳识别，可与智能驾驶等级和功能开启状态关联，设置不同报警级别。

2）驾驶员异常动作监测，如抽烟、打电话、喝水等。

3）驾驶员注意力监测、视野范围监测。

4）驾驶员身份识别。依据识别结果可与云端或本地进行对比，功能关联可依据驾驶员身份进行座椅调节、后视镜调节。

5）眼球追踪。

6）生命体征监测功能。在座椅的内部嵌入非接触式传感器，借助传感器收集与分析驾乘人员的生理数据和环境数据，比如心率、呼吸频率、温度湿度、眼睛闭合频率、头部倾斜角度、面部表情等。系统对监测到的晕车、压力、不适、困倦及驾驶准备度等情况做出快速反应，提供相应的解决方案，包括调整座椅姿势、提供不同的按摩模式、增强空气流通、调整周围灯光与音效环境，从而让疲倦的乘客精神焕发或帮助处于紧张状态的驾驶员放松下来；若监测到驾乘人员身体有异常，还可通过云端向110或医生发送相关信号（图3-16）。

图3-16 生命体征监测功能

（9）减振功能 车辆行驶在颠簸的路面上，不可避免地会有振动传递到乘员身上。人体各器官的固有频率为3~17Hz，头部的固有频率为8~12Hz，腹部内脏的固有频率为4~6Hz。如果车辆行驶时的振动频率与人体的固有频率相近，就容易与人体器官产生共振，长时间的共振对人体有很大的伤害性，严重时能够导致人的死亡。

为提高乘员舒适性、减少乘员因共振而产生的伤害，各汽车厂家为此开发出了减振座椅。

智能座椅的设计必须符合人体功能学已经是不争的事实，未来座椅需能够随使用者的脊柱而移动，减少道路起伏带来的振动，保证使用者身体平稳，提高驾乘体验感（图3-17）。

减振座椅的核心部件是减振器,又叫作座椅悬架,主要担负着座椅的减振、高度调节、阻尼比调节等功能,因此它的设计难度大、技术要求高,制造成本也较高。

(10) AI 功能　车内搭载有 AI 管家,让驾乘人员只需动动口就能操控智能座椅的各种功能,使乘坐更加安全舒心。甚至每个座椅都可以搭载独立的 AI,且 AI 发出的声音不会被第三者听见。头枕附近内嵌有减噪的传声器,驾乘人员可以通过主动的语音交互和触控系统控制座椅的相关功能(图 3-18)。

图 3-17　减振功能

图 3-18　独立 AI 功能

(11) 其他特殊功能

1) 亲子功能。在原前排乘客的位置设置婴儿座椅,并可 360° 旋转,同时增加独立的婴儿用品空间,为育婴家庭打造一个温馨的移动空间(图 3-19)。

图 3-19　亲子功能

2) 性别差异功能。男性和女性对于空间的需求是不同的,未来智能座椅将配合性别,增添很多功能。对于女性,可以增添放鞋空间、化妆空间等;对于男性,可以增添手表空间、酒杯空间、商务空间等(图 3-20)。

图 3-20　性别差异功能

### 3. 智能座椅的种类

（1）按布局位置分类　可分为驾驶员座椅、前排乘客座椅、中排座椅、后排座椅等，如图 3-21 所示。

 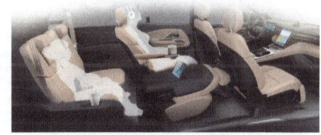

图 3-21　按布局位置分类

在全车座椅中，驾驶员座椅配置的功能是最齐全的，其次是特殊座椅（如老板座椅），其他座椅的功能相对比较少。

（2）按应用场景分类　可分为儿童安全座椅、商务座椅、老板座椅等，如图 3-22 ~ 图 3-24 所示。儿童安全座椅可采用 App 一键控制模式，具有实时监控等智能化功能，父母可通过手机 App 随时观察宝贝后排动态。

图 3-22　儿童安全座椅　　　　图 3-23　商务座椅

图 3-24 老板座椅

（3）按旋转角度分类　可分为不可旋转式、可旋转式和 360° 旋转式等，如图 3-25 所示。

a）可旋转式　　　　　　　　　　　　b）360°旋转式

图 3-25 旋转座椅

在必要的时候，可以通过控制座椅旋转，实现前后排乘客面对面的沟通交流，就好像是一个移动会晤空间，使乘车更具社交性。

### 4. 智能座椅的结构和基本设计

（1）智能座椅的结构　智能座椅是在传统汽车座椅的基础上，增加了各种智能系统部件，主要由骨架、填充层、表皮和智能系统等组成。其中，智能系统（图 3-26）又包括传感器、执行器、人机交互和控制单元。

1）座椅骨架。汽车座椅骨架是汽车座椅的基础组成部分（图 3-27），也是汽车的安全件之一。骨架的强度对整车的安全起着重要的作用，能在汽车受到撞击时，与其他安全件（如安全带、安全气囊等）一起充分发挥保护乘员的功能。

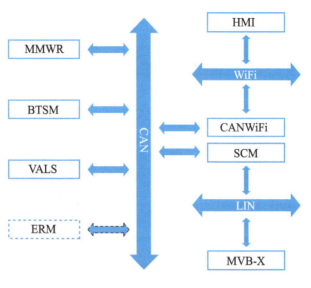

图 3-26　智能系统

SCM—座椅控制器，智能座椅的核心　MMWR—心率呼吸监测模块　BTSM—体温监测模块
HMI—人机交互界面　VALS—氛围灯　ERM—偏心电机（触觉振动执行器）　MVB-X—按摩模块
CANWiFi—协议转换模块，用于 CAN 和 WiFi 协议的转换

传统座椅骨架多采用低合金钢材质，智能座椅骨架为了满足轻量化要求，更多地采用精钢骨架、铝合金骨架或碳纤维骨架，而且多种材料混合设计应用将成为汽车座椅轻量化的发展趋势（图 3-28）。

图 3-27　座椅骨架

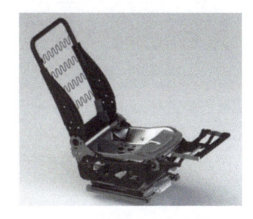

图 3-28　多种材料混合设计骨架

2）座椅填充物。汽车座椅填充物一般是发泡塑料，即聚氨酯类的发泡物，通常由（甲苯基二异氰酸酯 TDI）和（二苯基甲烷-二异氰酸酯 MDI）混合而成。

发泡提供了座椅的形状和轮廓，发泡的特性影响乘坐的舒适性和 H 点[一]。在碰撞过程中对乘员的保护及吸能性、整车内饰 NVH[二] 中的吸声性能等都与发泡密切相关，因此发泡的材料和工艺非常重要。

作为座椅发泡两个关键的因素，泡沫的密度和硬度直接影响着座椅乘坐的舒适性。其中，密度影响泡沫的耐久性，硬度是在泡沫承载的情况不发生变形的重要因素，通过制造工艺的细微变化，可生产出硬度不同的填充材料（图 3-29）。

3）座椅表皮。座椅表皮材质有真皮、人造纤维（高仿真皮）、聚氯乙烯（PVC）仿皮、织物等，如图 3-30 和图 3-31 所示。

图 3-29 座椅填充物

图 3-30 皮质座椅

图 3-31 织物座椅

座椅表皮的材质几乎决定了座椅的舒适性和高档程度，采用多样化、个性化的汽车座椅面料也是展现差异化的独特方式。越来越多的智能座椅已经把环保、可持续、无污染面料作为设计元素，这也是未来汽车广泛使用的材料。

---

○ H 点是指汽车总布置时的设计基准点。

○ NVH 是噪声、振动与声振粗糙度（Noise、Vibration、Harshness）的英文缩写，这是衡量汽车制造质量的一个综合性指标，它带给汽车用户的感受是最直接和最表面的。

①皮质座椅：

a）优势。容易清洁。相对于绒布座椅来说，灰尘只能落在皮质座椅表面，而不会深入座椅深层，用布轻轻一擦就可以完成清洁工作，而对于绒布座椅来说还需要购买坐垫等，否则一旦弄脏，就有可能渗入座椅内部。

更易散热。虽然皮质也会吸热，但是它的散热性能表现更好。夏日正午被阳光灼热的车辆，座椅一定很烫。如果是皮质座椅，则用手拍几下就可以散去热气，或者坐上去一段时间就不会感觉那么烫了，而绒布座椅就没有这么好的散热性。

b）不足。坐感过滑。车主可能会用系安全带或是增加坐垫的方法来解决这个问题。事实上，一些生产厂家已经针对这个问题，对皮质表面进行皱褶处理，以增加摩擦系数。

表面易损。锐物是皮质的克星，一旦遇上刀、剪、针等，皮质上就会留下印痕。比较来说，绒布就不会那么娇气了，而且修补起来，绒布的成本也远远低于皮质。当然更重要的是，皮质比绒布更容易出现老化现象，因此皮质座椅更需要小心呵护。

②绒布座椅：

a）优势。坐感稳固，防滑。绒布座椅坐上去感觉更稳，不会有打滑的感觉。而且，绒布座椅价格低、重量轻、透气性好，由于表面不易破损，寿命也相对更长。

b）不足。容易藏污纳垢，不易清洁。灰尘会深入座椅深层，清洁工作比较繁重，因此对绒布座椅来说还需要购买坐垫等，否则一旦弄脏，就有可能渗入座椅内部。

散热性差。一般主机厂为了控制成本，会用一种叫作PVC的材质来代替真皮，这种材质透气性不好，柔韧性差，摸上去也没有真皮细腻的手感。不过，PVC比真皮容易打理，成本低。有些高端品牌中的低配车型，有可能采用的就是PVC材质的座椅。

4）智能系统。智能系统即内嵌核心功能件，包括座椅控制器、传感器、加热电阻、头枕里的传声器和扬声器、滑轨电动机和调角器等，如图3-32所示。

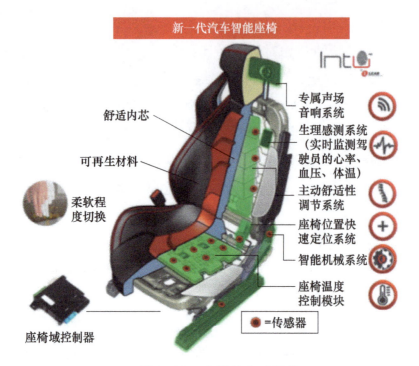

图 3-32　内嵌核心功能件

（2）"工业 4.0" 智造时代的汽车座椅生产过程　汽车工业是工业机器人应用最早，也是应用最为广泛的领域，汽车制造的高度自动化使得机器人越来越多。然而这些还远远不够，互联网时代对工业制造提出了更高的要求，工厂的自动化系统逐步升级，增加了物联网的概念，将工厂的机器以及作为主体的人类员工融入互联网中，实现机器之间、人与机器之间的完美互动。

在德国人的概念中，智能工厂就是能够依托信息物理系统和信息通信技术的结合，引入大数据技术进行分析优化管理，在计算机虚拟环境中，对整个生产过程进行仿真、评估和优化，最终实现自动化、智能化、互联化的生产制造。

进入工业 4.0 时代之后，智能工厂开始从制造向"智造"转变。被广泛应用于汽车座椅行业的自动化、数字化和智能化车间，已经成为汽车座椅智能制造的重要载体。

5. 智能座椅行业的市场现状分析

（1）国家政策　国家产业政策的大力鼓励与扶持促进智能座椅行业健

康发展。

汽车工业是我国国民经济重要的支柱产业之一，汽车零部件是其重要的配套行业，因此行业发展一直受到国家产业政策的鼓励与扶持。国家出台了一系列政策对加强汽车零部件检测能力做出指导，为汽车零部件行业的发展提供了良好的政策环境（表3-1）。

表3-1 2017—2020年中国汽车座椅零部件行业相关政策一览表

| 日期 | 政策名称 | 内容 |
| --- | --- | --- |
| 2019/06 | 《关于继续执行的车辆购置税优惠政策的公告》 | 2018年1月1日—2020年12月31日，对购置新能源汽车免征车辆购置税。2018年7月1日—2021年6月30日，对购置挂车减半征收车辆购置税 |
| 2018/12 | 《中华人民共和国车辆购置税法》 | 2018年12月29日，第十三届全国人民代表大会常务委员会第七次会议通过了车辆购置税的税率为10%的条例。该法自2019年7月1日起施行，2000年10月22日国务院公布的《中华人民共和国车辆购置税暂行条例》同时废止 |
| 2018/09 | 《完善促进消费体制机制实施方案（2018—2020年）》 | 促进汽车消费优化升级。继续实施新能源汽车车辆购置税优惠政策，完善新能源汽车积分管理制度，落实好乘用车企业平均燃料消耗量与新能源汽车积分并行管理办法，研究建立碳配额交易制度。完善新能源汽车充电设施标准规范，大力推动"互联网+充电基础设施"，提高充电服务智能化水平 |
| 2018/05 | 《汽车产业投资管理规定》（征求意见稿） | 鼓励汽车产能利用率低的省份和企业加大资金投入和兼并重组力度。科学规划新能源汽车产业布局，鼓励现有传统燃油汽车企业加大资金投入，调整产品结构，发展新能源汽车产品。严格新建纯电动汽车企业投资项目管理，防范盲目布点和低水平重复建设 |
| 2018/02 | 《关于调整完善新能源汽车推广应用财政补贴政策的通知》 | 2018年新能源汽车补贴政策从2018年2月12日起实施，2月12日以前车辆按照2017年补贴标准实施；2018年2月12日—2018年6月11日为过渡期，不同车型分别按照0.4~1倍2017年标准补贴。对新能源汽车补贴的技术门槛将提高 |
| 2018/01 | 《智能汽车创新发展战略》（征求意见稿） | 到2020年，中国标准智能汽车的技术创新、产业生态、路网设施、法规标准、产品监管和信息安全体系框架基本形成。到2025年，中国标准智能汽车的技术创新、产业生态、路网设施、法规标准、产品监管和信息安全体系全面形成 |
| 2017/09 | 《乘用车企业平均燃料消耗量与新能源汽车积分并行管理办法》 | 双积分政策将于2018年4月1日起施行，对传统能源乘用车年度生产量或者进口量不满3万辆的乘用车企业，不设定新能源汽车积分比例要求；达到3万辆以上的，从2019年度开始设定新能源汽车积分比例要求 |

（续）

| 日期 | 政策名称 | 内容 |
|---|---|---|
| 2017/04 | 《汽车产业中长期发展规划》 | 支持优势特色零部件企业做大做强，培育具有国际竞争力的零部件领军企业。针对产业短板，支持优势企业开展政产学研用联合攻关，重点突破动力电池、车用传感器、车载芯片、电控系统、轻量化材料等工程化、产业化瓶颈，鼓励发展模块化供货等先进模式以及高附加值、知识密集型等高端零部件 |

（2）产业链分析　目前，全球市场份额的大多数被江森自控的安道拓（Adient）、李尔（Lear）、丰田纺织、佛吉亚（Faurecia）、麦格纳国际前五大座椅生产商所占据，如图3-33所示。总体来看，汽车座椅行业的市场集中度相对较高。

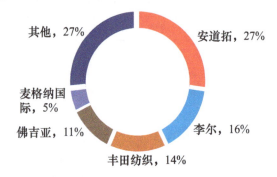

图3-33　全球汽车座椅行业格局

2020年，我国汽车座椅市场规模约为773亿元，全球占比为23.6%；2025年，市场规模将有望达到974亿元，全球占比为23.9%，5年复合年均增长率（CAGR）为4.7%，如图3-34所示。

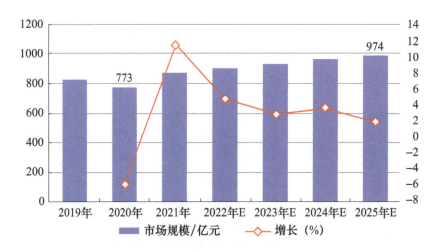

图3-34　国内汽车座椅市场规模及增长（2022—2025年为预测值）

我国汽车座椅自主品牌主要定位于中低端市场，与国际厂家相比，市场的竞争非常激烈。

在产品方面,自主品牌座椅行业起步晚,在汽车座椅领域的市场占有率约为 20%,产品成熟度低,产品主要供应自主品牌汽车主机厂,大部分公司产品为低端产品和普通产品,高端座椅产品由合营企业供应。

尽管目前自主品牌技术处于低端水平,但是未来必然会朝着高端,尤其是高端智能化方向发展。

(3)全球供应商

1)安道拓(Adient)。其前身是美国江森自控下属内饰业务单元,自 2016 年起完成从江森自控的分拆,成为一家独立公司。安道拓是全球最大的汽车座椅生产商,市场份额为 25%~30%,其主要通过与车企设立合资厂等方式与整车厂建立长期合作关系,客户分布广泛,几乎覆盖所有车厂。

图 3-35 所示为该公司开发的 AI17 智能概念座椅。AI17 是针对 L3 和 L4 级自动驾驶车辆专门研发的一款概念座椅。当乘员进入或离开车辆时,AI17 会主动将座椅转向车门,并根据个人预设予以迎接并提供协助。同时前排座椅可以躺倒,并借助一项名为"舒适壳体"的专利座椅技术,为人体脊椎提供舒适支撑。此外,该座椅还在前排位置增加小桌板功能,令前排乘客获得更多的可用面积。更加有趣的是,AI17 的前排中控台可无缝延伸至后排空间,在提供扶手功能的同时,还可用于存放小型物件。另一方面,后排座椅则借助悬臂式骨架以及可折叠坐垫,为乘客提供舒适坐姿、宽敞的腿部空间、额外的储物空间以及更加私密的个人空间。

2)李尔(Lear)。李尔品牌诞生于美国汽车之城底特律,市场份额为 15%~20%,客户集中在福特、通用、宝马、FCA、大众等品牌中,市场集中在北美和欧洲等。

图 3-36 所示为该公司的 ConfigurE+ 百变座舱,座椅能够移动以及旋转,用户只需要在手机上通过 App 就能将车内座舱布局成自己想要的样子。例如在停车或自动驾驶状态下,前排座椅可以向后旋转 180°,方便与后排乘客面对面交流;在运输大件货物的时候,可以提前在手机上将第二和第三排座椅甚至是前排乘客座椅折叠并整体前推,打造出平整宽敞的储物空间。

图 3-35 AI17 智能概念座椅

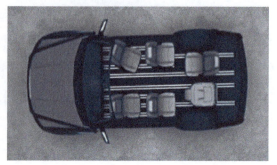
图 3-36 ConfigurE+ 百变座舱

3）丰田纺织。丰田纺织占全球市场份额的 15% 左右，为丰田集团的一员，丰田是其最大的客户，约占其供应数量的 80%，另外还为宝马、戴姆勒、通用、大众等品牌供应。

图 3-37 和图 3-38 所示为该公司针对 L4/L5 级自动驾驶车辆设计的智能座椅方案。L4 级方案能够为每一位乘客提供具有针对性的舒适体验。通过内饰以及座椅检测乘客的生物体征信息，从而对乘客身体及情感状态进行推测和判断，并根据实际状况通过音乐、光线等对人体五官感受进行刺激和影响，创造舒适、安全的驾乘体验。L5 级方案通过提供商务、娱乐等多种用途的服务场景，灵活运用移动空间，座椅布局可以随心所欲进行调整，实现不同场景下所需的功能；根据驾乘人员的行为及需求对五官感受进行刺激和影响，从而提高不同服务场景的价值属性。

图 3-37 L4 级自动驾驶车辆智能座椅方案

图 3-38 L5 级自动驾驶车辆智能座椅方案

4）佛吉亚（Faurecia）。法国顶级供应商，市场份额为 10%~15%，客户集中在 PSA、雷诺、大众/奥迪、日产、现代、通用皮卡等品牌上。

图 3-39 所示为佛吉亚打造的第二代智能座椅。该座椅装配有传感器系

统，可分析车内乘员的身体状态数据，并通过判断驾驶员疲劳程度做出提醒。由于在自动驾驶模式下，车内用户不再保持面朝前方的笔直坐姿，座椅将提供更多角度的倾斜和旋转调节，同时在切换为驾驶模式后可以迅速复原正常的座椅调节。当然，该座椅也将针对新出现的坐姿同步做出安全方面的设计。

图 3-39　佛吉亚打造的第二代智能座椅

5）麦格纳国际。麦格纳总部位于加拿大，市场份额为 5% 左右，主要为美国通用、福特、克莱斯勒 3 家公司供应座椅总成。

图 3-40 所示为麦格纳设计的概念智能座椅。智能座椅既是收集人体数据的最好接口，又可以通过自我识别和主动调整，使得整个驾乘旅途更加舒适健康。对于老年人或行动不便的人群，优化后的座舱也能使他们上下车变得更容易。同时，座椅可以变得更为个性化，帮助乘客营造更加私密的车内空间。如果你曾经为没法跟同行的驾驶员听不同的音乐而困扰，那么未来座椅的个人影音功能将完美地解决这个问题。个性化的座椅能够为不同的乘客提供各自独立的影音区，每个人都能享受自己的专属音效。

图 3-40　麦格纳概念智能座椅

(4) 自主供应商

1）光华荣昌。光华荣昌是一家国际化的高科技汽车零部件企业，成立于 2001 年，属于国家高新技术企业，总部位于北京，主要致力于汽车座椅、后视镜及空气悬架电控系统的研发与制造，并提供车辆振动舒适性、耐久性解决方案。其凭借创新的设计和新材料、新技术的应用为客户带来智能、舒适、轻量化及高可靠性的产品，让用户享受更加完美的驾乘体验，主要客户包括一汽大众、福田、北汽、江淮、陕汽、长安、吉利等。图 3-41 所示为该公司的汽车智能座椅。

图 3-41　光华荣昌智能座椅

2）浙江天成。浙江天成始创于 1992 年，专业从事汽车座椅的研发、生产、销售及服务，是国家火炬计划高新技术企业。公司业务涵盖工程机械座椅、商用车座椅、乘用车座椅、航空座椅以及儿童座椅等板块，主要客户包括卡特彼勒、上汽集团、众泰、福田、丰田、沃尔沃等。图 3-42 所示为该公司的汽车智能座椅。

图 3-42　浙江天成智能座椅

3）浙江俱进。浙江俱进成立于 1988 年，是一家专业生产汽车座椅、真皮座套、聚氨酯发泡、汽车内饰件、精密冲压件等百余种产品的企业，主要为吉利汽车集团提供配套服务。

### 6. 智能座椅行业面临的挑战

随着智能网联技术的发展，智能座椅开始逐渐出现，为汽车座椅制造商带来越来越多的商机。但智能座椅行业仍然面临一些重大挑战。

1）功能的创新多用于高端豪华车和概念车，错过了 96% 以上的客户。

功能越多,创新越多,必将导致新的产品价格居高不下。因此,智能座椅目前主要还是应用在高端豪华车和概念车上(图3-43)。只有降低智能座椅的价格,才能被大多数用户接受。

图3-43　智能座椅在高端豪华车和概念车上的应用

2)过多的内嵌设备增加了座椅的重量和厚度。座椅本身就已经是占据座舱空间最大的零部件,座椅重量通常占汽车总重量的6%左右,如果因智能化的需求,再在座椅上增加过多的内嵌设备,则必将大大增加座椅的重量和厚度。如何在增加部件的基础上,又能减小座椅的重量和厚度,对设计师来说是一个不小的挑战。

3)座椅功能的多样性增加了电子电器架构设计的难度。在座椅的内部,除了基本的结构件以外,还布置有复杂的电动机甚至空调管路,设计师们既要保证各部件的可靠性及耐用性,又要尽可能地控制体积和重量,这是个不小的挑战。在座椅的布置中比较难以设计的就是按摩功能,因为该模块会占用不小的空间,同时还要保证功能的耐久度和安全性,需要一点一点地去调整。

4)智能座椅的结构设计完全取决于座舱结构,限制了客户使用的灵活性。智能座椅布置在座舱中,但座舱的结构空间毕竟有限,想要在有限的空间内实现座椅空间和功能的最大化,也是很考验设计师的。

### 7. 智能座椅的用户需求

1)可以交流的智能座椅和实用的交互界面。

2)量身定制的舒适性功能。

3)先进的安全性技术。

4)价格合理。

智能座椅的功能设计,需要围绕用户的需求进行开发,并不是功能越多越好(图3-44)。在设计座椅的时候,需要考虑用户群体的差异性、座椅的性价比等因素,设计出不同的智能座椅。

图3-44 智能座椅的用户需求

智能座椅也将围绕着用户对未来的不同需求,不断地向前发展。

### 8. 智能座椅的发展趋势

(1)供应侧升级 智能座椅是集人机工程学、机械驱动和控制工程等为一体的系统工程产品,产业链/供应商将不再单纯地提供产品,而是提供一整套硬件+软件的综合解决方案,且软件可通过智能网联OTA升级(图3-45)。

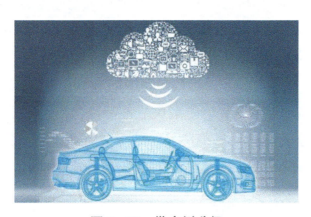

图3-45 供应侧升级

(2)设计的数字化和虚拟化 智能座椅的设计将完全实现数字化和虚拟化,并且可以通过仿真软件完成设计(图3-46)。

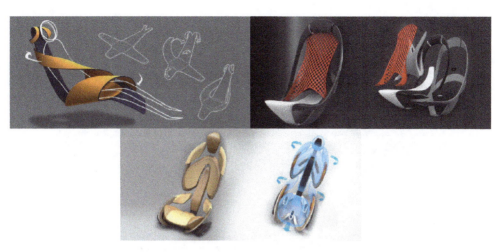

图 3-46　设计的数字化和虚拟化

汽车座椅制造业正在迅速地向数字化设计、制造和测试这种新方式转化。在汽车座椅开发软件环境下，传统的实物模型被数字模型所取代。这使得汽车座椅可以直接从设计阶段进入生产阶段，实现了座椅开发过程中多学科、多领域的集成化、并行化和协同化，缩短了产品设计开发周期，获得了更短的产品上市时间，使得汽车座椅的设计走向数字化和虚拟化的道路。

（3）智能化生产　智能座椅的工艺和产品复杂度，决定了推动智能化制造势在必行。企业将导入大量信息化、智能化系统和设备，打造"智能工厂"，提升企业综合效率，同时减少车间人员，节省仓储面积；利用工业物联网和大数据监控机器人运行，可"未卜先知"，预判可能发生的故障，提前进行维护，大量减少设备计划外停机，从而提高生产效率（图 3-47）。

图 3-47　智能化生产

（4）座椅轻量化　智能座椅功能的增加，使座椅越来越重，不利于油耗/续驶里程的控制。而座椅体积增大，又会挤占不小的车内空间。因此未来座椅在保证功能性的同时应尽量降低重量，保证舒适度的同时减小体积（图 3-48）。

图 3-48 座椅轻量化

减轻重量意味着开发新的结构材料和制造工艺。企业正在用多种材料取代金属,在安全测试中,这已被证明与传统结构一样安全,并可减重 40%。

(5)舒适度提升 座椅设计师的目标,就是让乘客感觉像坐在空气上一样。为了进一步提升舒适度,未来座椅将应用更多的人体工程学与新材料,甚至有人设想未来座椅是悬浮在车内的,这样座椅将不会随着车辆一起颠簸,从而提供最佳的舒适感受。图 3-49 所示为宝马 X7 ZeroG Louhger 零重力座椅。

新型表面材料的应用或内置香味设计,可以使座椅表面更透气或更防水、防污。

(6)人机交互系统升级 未来智能座椅不仅能为乘客提供舒适的体验,还能通过 AI 学习"读懂"乘客意图,无需任何主动操作就能实现自动调节控制。通过传感器与座椅融合,座椅控制方式也将从传统的按键方式发展为 App 控制、手势控制、意图感知控制等,如图 3-50 所示。

图 3-49 宝马零重力座椅　　图 3-50 人机交互系统升级

（7）安全性提升　在座椅中经常会被应用到的是人体支点技术、座椅安全带、座椅减振等功能，这些部件之间不得相互干扰，并且计算机需要不断跟踪每个元件的位置。未来座椅将成为一个更加活跃的安全系统，远远超过今天。座椅将成为乘客保护的一个重要组成部分，与车辆的所有主动安全系统相关联，比如预知碰撞时主动调节座椅并且通过坐垫振动或触觉警告（图 3-51）。

（8）多场景化　自动驾驶环境下，车内空间可以重新利用。比如没有方向盘，前后座椅均可以自由调节，实现休闲和工作模式的随意切换（图 3-52）。

图 3-51　安全性提升

图 3-52　多场景化（1）

未来，人类解放了手脚，可以在车内休息、玩耍或进行各种娱乐活动，甚至可以在座椅上做各种医疗手术等。当真正实现汽车无人驾驶之后，未来座椅的模样，相信还有无限的想象空间（图 3-53）。

图 3-53　多场景化（2）

## 资讯小结

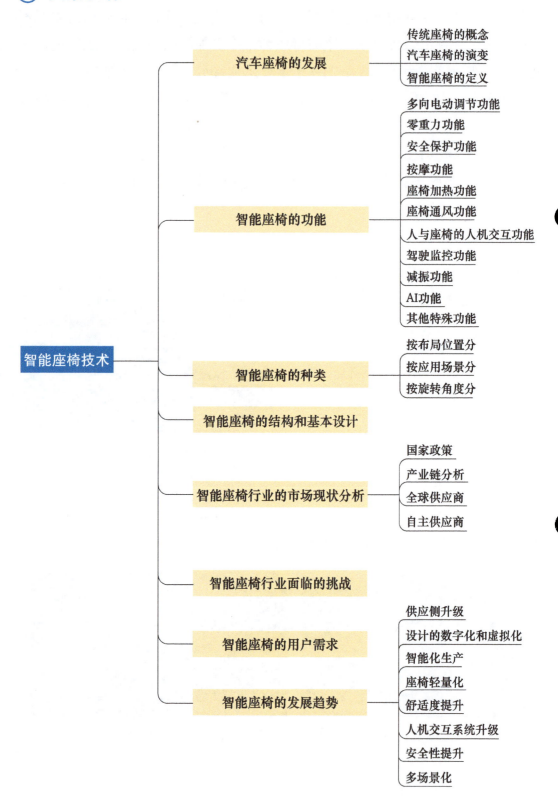

## 3.4 任务准备

### 1. 任务计划

（1）工具设备介绍

| 任务模块 | 设备工具 | 功能备注 |
| --- | --- | --- |
| 智能座椅系统的拆装与调试 | L3级智能网联教学车、智能座舱测试装调台架、万用表、直流电源、RJ45接口CAT.5网线、扭力扳手、固定螺栓、安全帽、绝缘垫和工作手套 | 本任务主要学习智能座椅系统的基本结构原理，智能座椅系统的接口定义，智能座椅系统的拆装流程及方法；了解智能座椅系统的线路连接注意事项，智能座椅系统的调试注意事项，智能座椅系统的拆卸注意事项。通过实践操作，能完成智能座椅系统拆装工具设备的准备，能独立完成智能座椅系统的安装，能完成智能座椅系统的线路连接，能独立完成智能座椅系统的拆卸 |

（2）实操预演

第一步：通过链接，熟悉任务流程。

第二步：通过链接，观看智能座椅系统的拆装与调试。

### 2. 任务决策

通过对"实操预演"环节的视频学习，并经过分析与讨论后，列出完整的操作步骤。

| 步骤 | 子任务1<br>智能座椅系统的拆装 | 子任务2<br>智能座椅系统的调试 |
| --- | --- | --- |
| 1 | | |
| 2 | | |
| 3 | | |
| 4 | | |
| 5 | | |
| 6 | | |

（续）

| 步骤 | 子任务 1<br>智能座椅系统的拆装 | 子任务 2<br>智能座椅系统的调试 |
|---|---|---|
| 7 | | |
| 8 | | |
| 9 | | |
| 10 | | |

## 3.5 任务实施

### ▶ 子任务 1  智能座椅系统的拆装

（1）前期准备

**1**

安装前检查

戴好工作手套和安全帽，将智能座椅、直流电源和工具等摆放在绝缘垫上，并进行安装前检查

**2**

螺栓、工具检查

1）外观结构完整，表面不应有破损、变形、裂痕、生锈等问题

2）4颗座椅固定螺栓是否齐全，螺栓螺纹无滑丝或变形，六角螺母无损坏或变形

3）工具齐全，使用功能正常

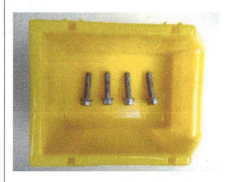

| 根据实际情况在"□"位置上打"√" | |
|---|---|
| 表面有无破损 | 有 □　无 □ |
| 表面有无变形 | 有 □　无 □ |
| 表面有无生锈 | 有 □　无 □ |
| 螺栓是否齐全 | 是 □　否 □ |
| 螺纹有无滑丝或变形 | 有 □　无 □ |
| 螺栓六角螺母有无损坏或变形 | 有 □　无 □ |
| 工具是否齐全 | 是 □　否 □ |
| 工具使用功能是否正常 | 是 □　否 □ |

（2）实操演练

| 实施步骤 | 标准/图示 | 操作要点 |
| --- | --- | --- |
|  **1**<br>智能座椅外观检查<br>1）线束外观应完整，无破损、划痕、烧焦，连接针脚无损坏、变形或生锈<br>2）导轨和固定螺栓孔无变形、损坏、生锈等缺陷 |    | 线束有无破损 □<br><br>针脚有无损坏、变形 □<br><br>针脚有无生锈 □<br><br>固定螺栓孔有无变形、生锈 □ |
| **2**<br>智能座椅通电动作测试<br>1）用连接线连接直流电源和智能座椅的正负极<br>2）打开直流电源的电源，按压"OUTPUT"按钮，启动直流电源，将电压调到12V，电流调到5A左右 |  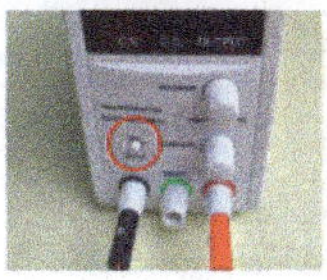  | 用连接线连接_____和_____的正负极<br><br>打开直流电源的电源，按压"_____"按钮，启动直流电源<br><br>将电压调到_____V，电流调到_____A左右 |

（续）

| 实施步骤 | 标准/图示 | 操作要点 |
|---|---|---|
| 3）按压智能座椅的多向调节开关，应能正常调节座椅位置，电动机运转顺畅无卡顿（注意调节座椅位置时，每次按压开关持续时间不要超过5s）<br>4）检测完成后，关闭直流电源，拆除连接线 |    | 测试座椅靠背角度调节是否正常 □ |
| **3**<br>教学车检查<br>1）踩住制动踏板，起动教学车，仪表"READY"灯能点亮，且档位处于"P"位<br>2）检查驻车制动指示灯是否已点亮，确保处于制动状态 | 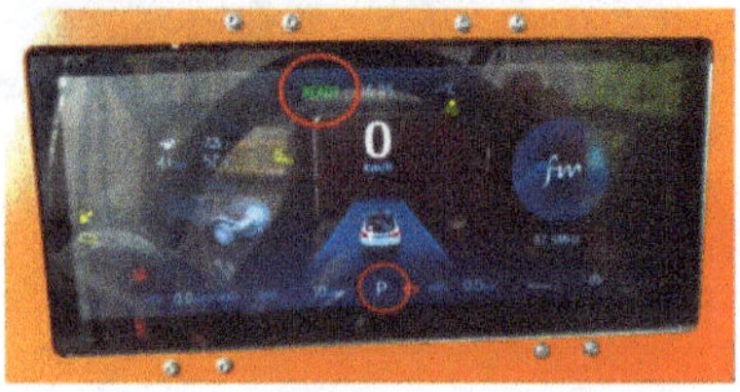 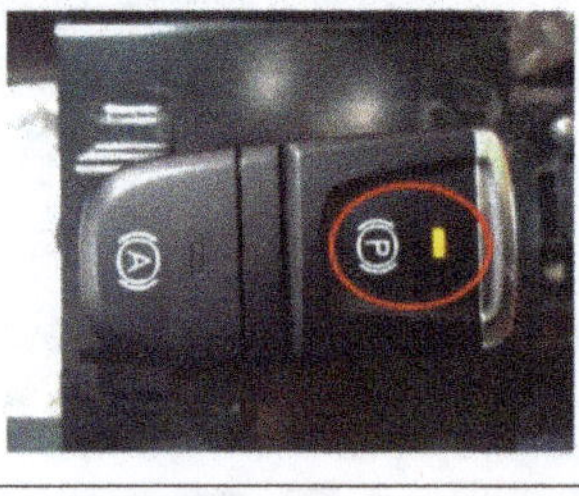  | 仪表"READY"灯是否能点亮 □<br>档位是否处于"P"位 □<br>驻车制动指示灯是否点亮 □ |
| **4**<br>关闭点火开关<br>确保车辆点火开关处于关闭状态，仪表处于熄屏状态 |   | |

（续）

| 实施步骤 | 标准/图示 | 操作要点 |
|---|---|---|
| **5**<br>断开蓄电池负极<br>用工具拆卸12V低压蓄电池负极线缆 |  | 蓄电池负极是否断开 □ |

💡 注意：断开蓄电池电源时，不能先拆卸蓄电池正极线缆。由于拆装工具是金属制成的，如果先卸下正极，则由于负极已连接到外壳，工具容易碰到外壳并使正极和外壳短路，这是非常危险的，轻者会造成蓄电池短路损坏，严重的话会引发汽车起火

| | | |
|---|---|---|
| **6**<br>安装智能座椅<br>1）将智能座椅搬到车上，注意不要夹压线束<br>2）先用直流电源给座椅通电，将座椅调节至最后的位置，安装前面的两颗固定螺栓<br>3）再将座椅调节至最前的位置，安装后面的两颗固定螺栓<br>4）用扭力扳手将4颗固定螺栓拧紧到标准力矩（20N·m），最后拆除直流电源 |  | 先用_____给座椅通电，将座椅调节至_____位置，安装_____<br><br>用_____将4颗固定螺栓拧紧到标准力矩，拧紧力矩是_____N·m，最后拆除直流电源 |

💡 注意：安装固定螺栓时，先用手带上螺栓，再用工具安装；套筒工具需与螺母垂直，防止损伤螺母

| | | |
|---|---|---|
| **7**<br>检查智能座椅系统供电线接线口并连接<br>1）关闭车辆，检查智能座椅供电接线端口是否正常（针脚无损坏、变形或锈蚀） |  | 检查点火开关是否关闭 □<br><br>检查供电线端口是否正常 □ |

（续）

| 实施步骤 | 标准/图示 | 操作要点 |
|---|---|---|
| 2）起动车辆，使用万用表检测智能座椅供电线是否正常（标准电压为低压蓄电池电压）<br>3）关闭车辆，使用工具松开低压蓄电池负极螺栓并断开负极接线<br>4）将智能座椅供电接线端口连接，并确认连接无误（听到锁扣锁止声音） |   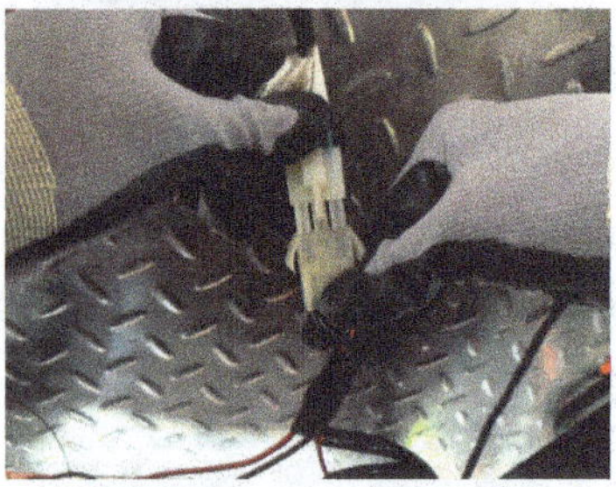 | 检查蓄电池负极是否断开□<br><br>连接供电线，并听到锁扣锁止声音□ |
| 8 检查智能座椅系统控制信号线接线口并连接<br>1）检查智能座椅控制信号线接线口是否正常（针脚无损坏、变形或锈蚀）<br>2）将计算平台端智能座椅控制信号线接线口与座椅端控制信号线接线口连接，并确认连接无误（听到锁扣锁紧声音） |   | 检查信号线端口是否正常（智能座椅端）□<br><br>检查信号线端口是否正常（计算平台端）□<br><br>连接信号线，并听到锁扣锁止声音□ |

（续）

| 实施步骤 | 标准/图示 | 操作要点 |
|---|---|---|
| 拆卸智能座椅<br>1）工具准备<br>2）先将座椅调节至最后的位置，拆卸前面的两颗固定螺栓<br>3）再将座椅调节至最前的位置，拆卸后面的两颗固定螺栓<br>4）按下车辆起动/关闭按钮，关闭车辆<br>5）使用10mm套筒拆卸12V蓄电池负极固定螺栓并断开负极线束<br>6）断开智能座椅的信号线插头 |  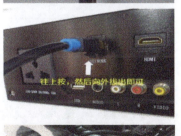 | 是否将座椅调节至最后的位置，拆卸前面的两颗固定螺栓 □<br><br>是否将座椅调节至最前的位置，拆卸后面的两颗固定螺栓 □<br><br>使用_____拆卸座椅固定螺栓<br><br>拆卸线束插头前是否关闭点火开关，断开低压蓄电池负极 □<br><br>智能座椅的信号线插头是否断开 □ |

（续）

| 实施步骤 | 标准/图示 | 操作要点 |
|---|---|---|
| 7）断开智能座椅的供电线插头<br>8）再将智能座椅搬回工作台上 |  | 智能座椅供电线插头是否断开 □ |
| **10**<br>线束插头及固定螺栓清洁<br>1）使用干净无纺布清洁智能座椅供电线以及信号线插接口<br>2）使用干净无纺布清洁座椅<br>3）清洁螺栓盒<br>4）清洁智能座椅固定螺栓并放置于螺栓盒内 | 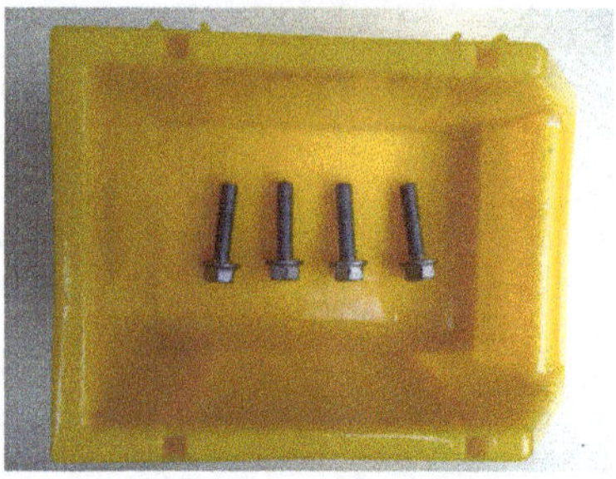 | 是否清洁智能座椅信号线端口 □<br><br>是否清洁螺栓盒 □<br><br>是否清洁智能座椅线束插接口 □ |
| **11**<br>清洁工具并整理<br>1）使用干净无纺布分别清洁使用过的拆卸装调工具<br>2）将工具归位到工具盒内 | 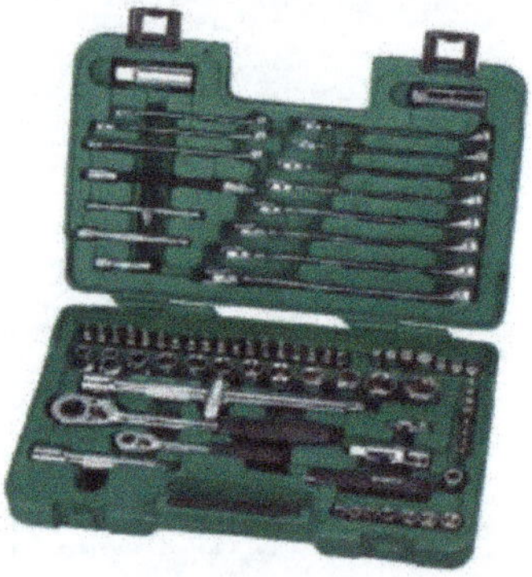 | 工具及螺栓是否有丢失情况 □ |
| **12**<br>清洁车辆、台架和实训工作台<br>1）使用干净无纺布清洁实训车上接触过的区域<br>2）清洁工作台，并叠好无纺布放置于合适位置<br>3）清洁整理流程完毕，卸下安全防护用品并整理放好后离开实训区域 |  | 是否清洁实训车上触碰过的区域 □<br><br>是否清洁工作台 □<br><br>是否卸下并整理好安全防护工具 □ |

## 子任务 2  智能座椅系统的调试

### （1）前期准备

**1**

准备工作

戴好工作手套和安全帽，将工具摆放在绝缘垫上，并进行调试前作业

**2**

RJ45 接口 CAT.5 网线外观检查

1）外观结构完整，表面不应有破损、变形、裂痕等问题

2）连接针脚无损坏、变形或生锈

| 根据实际情况在"□"位置上打"√" | |
|---|---|
| 表面有无破损、裂痕 | 有 □　无 □ |
| 表面有无变形 | 有 □　无 □ |
| 针脚有无损坏 | 有 □　无 □ |
| 针脚有无生锈 | 有 □　无 □ |

**3**

检查计算平台并连接

1）检查计算平台 ETH-2 端接线口是否正常

2）正确连接网线

| 根据实际情况在"□"位置上打"√" | |
|---|---|
| 计算平台 ETH-2 接线口是否正常 | 是 □　否 □ |
| 网线是否正常连接 | 是 □　否 □ |

（续）

| 4<br>检查智能座舱系统测试装调台架并连接<br>1）检查台架车轮是否锁止<br>2）检查台架电源插口、电源线和电源线插头是否正常 |  |

（2）实操演练

| 实施步骤 | 标准/图示 | 操作要点 |
|---|---|---|
| 1<br>RJ45 接口 CAT.5 网线连接<br>1）检查 RJ45 接口 CAT.5 网线（与计算平台连接端口）接线口是否正常，针脚无损坏、变形或锈蚀<br>2）检查计算平台 ETH-2 端接线口是否正常并正确连接 RJ45 接口 CAT.5 网线<br>3）检查 RJ45 接口 CAT.5 网线接线端口（与智能座舱测试装调台架连接端口）是否正常，针脚是否损坏、变形或锈蚀 | 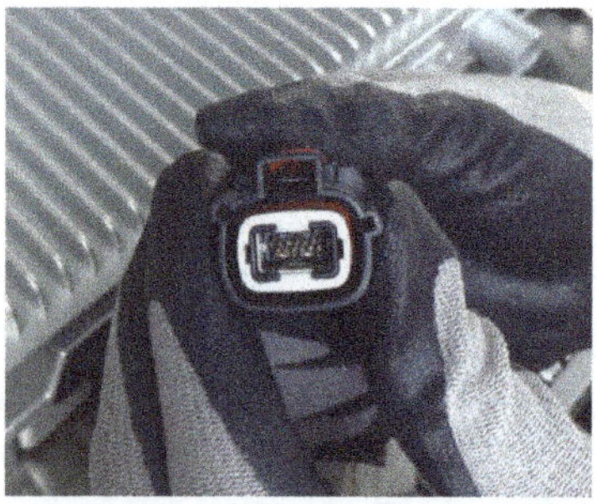 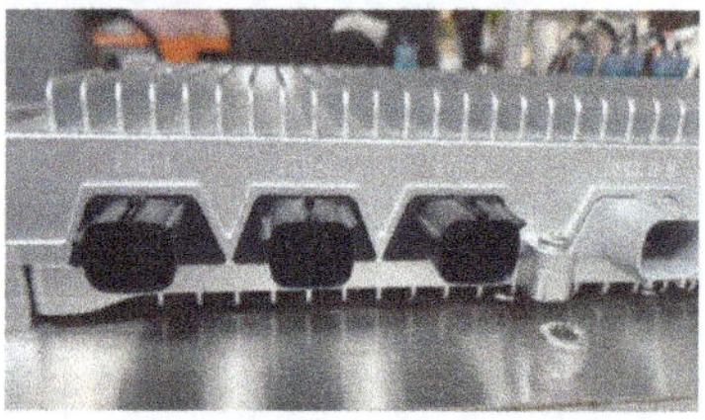 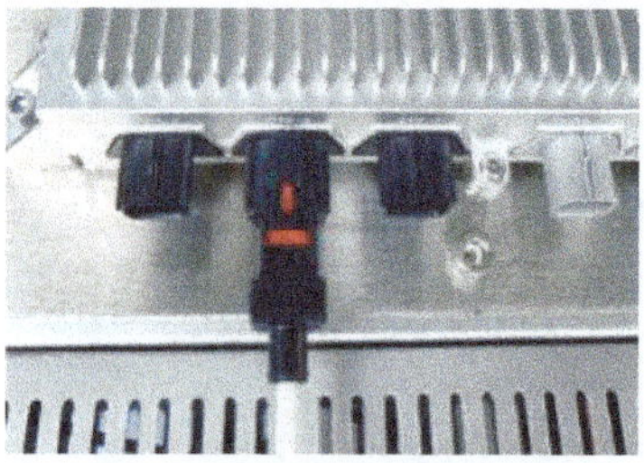 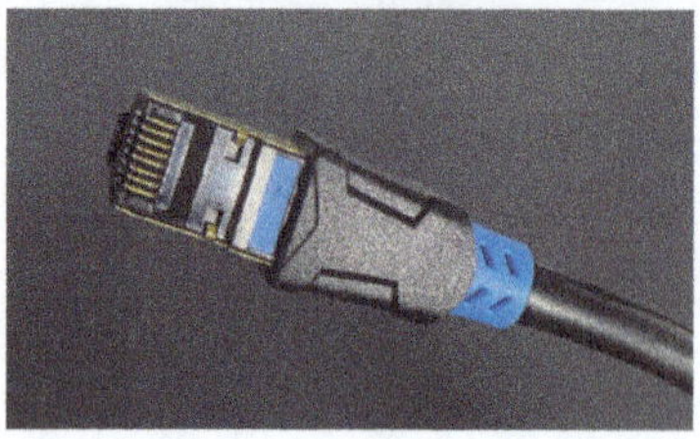 | 连接通信线前点火开关是否关闭□<br><br>检查 RJ45 接口 CAT.5 网线是否正常□<br><br>将 RJ45 接口 CAT.5 网线一端口连接台架＿＿＿端口，另一端口连接计算平台＿＿＿端口 |

（续）

| 实施步骤 | 标准/图示 | 操作要点 |
|---|---|---|
| 4）检查智能座舱测试装调台架连接端口是否正常，并正确连接<br>5）接上台架电源线并按下台架电源开关 | 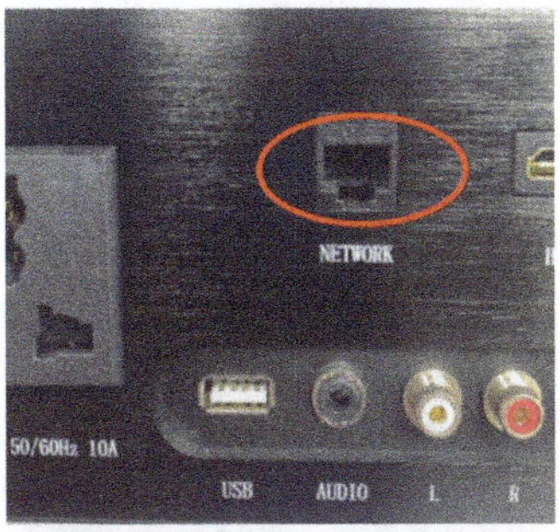 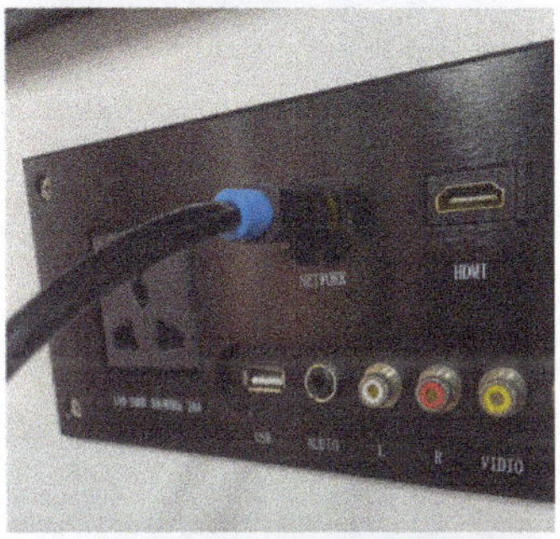 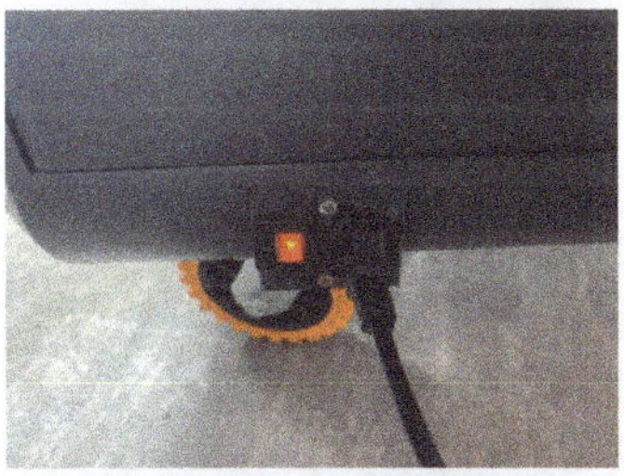 | 检查台架电源插口、电源线和是否正常 □ |
| **2**<br>起动教学车<br>1）连接12V蓄电池负极线并拧紧固定螺母<br>2）踩下制动踏板，按下起动开关，起动车辆（仪表屏出现"READY"状态） | 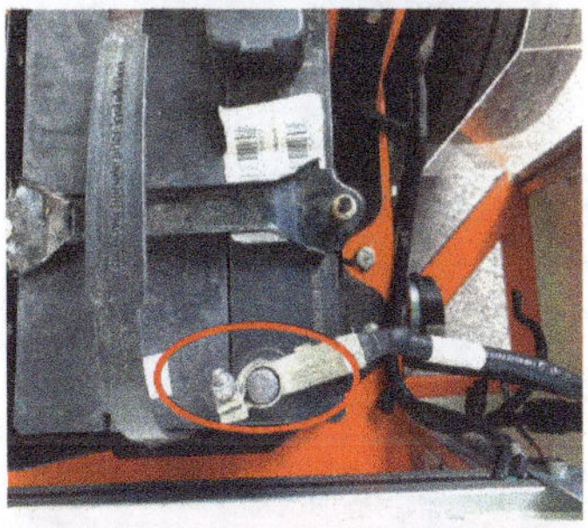 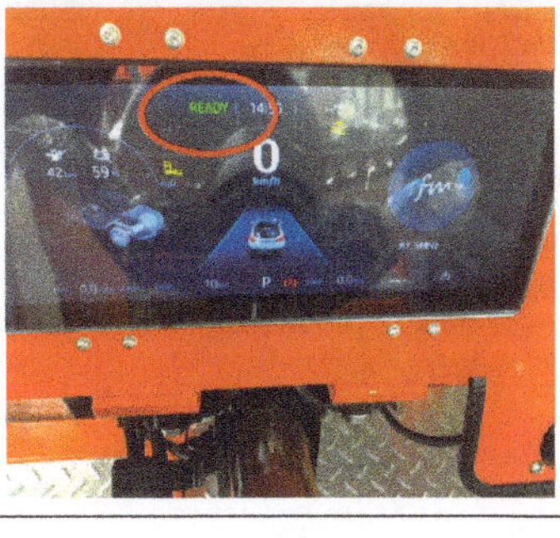 | 调试时蓄电池负极是否断开 □ |

103

（续）

| 实施步骤 | 标准/图示 | 操作要点 |
|---|---|---|
| **3**<br>运行测试软件<br>1）打开智能座舱系统测试装调台架上的一体机电源<br>2）台架起动成功后，在一体机桌面找到"智能座舱系统测试软件"快捷方式并双击运行 | 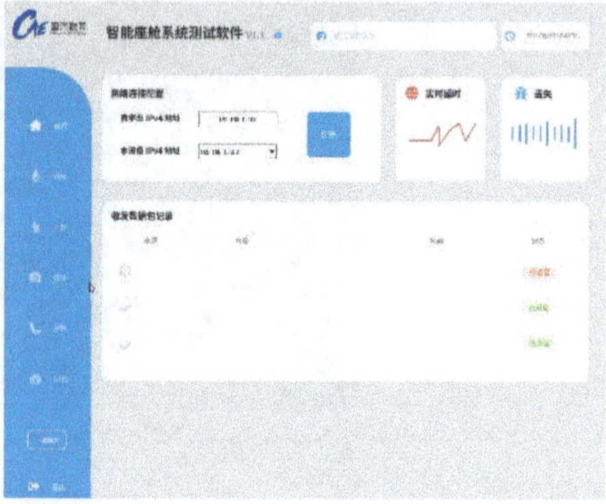 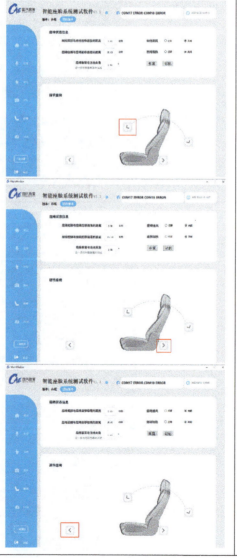 | 调试时点火开关是否关闭 □<br><br>智能座舱系统测试软件是否正常打开 □ |
| **4**<br>测试智能座椅功能<br>1）单击"座椅"按钮，查看是否读取座椅位置状态（若显示界面为空白，说明未连上，应检查线束连接是否正常，计算平台是否给出数据）<br>2）单击座椅位置"前进"按钮，检查智能座椅是否实时工作，向前移动，座椅状态信息有无异常情况<br>3）单击座椅位置"后退"按钮，检查智能座椅是否实时工作，向后移动，座椅状态信息有无异常情况 | | 单击"座椅"按钮，查看是否读取座椅系统状态 □<br><br>单击座椅位置"前进"按钮，座椅是否向前移动 □<br><br>单击座椅位置"后退"按钮，座椅是否向后移动 □ |

（续）

| 实施步骤 | 标准/图示 | 操作要点 |
|---|---|---|
| 4）单击座椅靠背"向上"按钮，检查智能座椅是否实时工作，靠背向上移动，座椅状态信息有无异常情况 |  | 单击座椅靠背"向上"按钮，座椅靠背是否向上移动 □ |
| 5）单击座椅靠背"向下"按钮，检查智能座椅是否实时工作，靠背向下移动，座椅状态信息有无异常情况 | 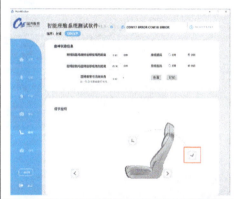 | 单击座椅靠背"向下"按钮，座椅靠背是否向下移动 □ |
| 5 关闭车辆 确保车辆点火开关处于关闭状态，仪表处于熄屏状态 |  | |
| 6 断开蓄电池负极 使用10mm套筒拆卸12V蓄电池负极固定螺母并断开负极线缆 |  | |

（续）

| 实施步骤 | 标准/图示 | 操作要点 |
|---|---|---|
| **7**<br>关闭台架<br>1）关闭测试软件<br>2）关闭智能座舱测试装调台架上的计算机<br>3）关闭智能座舱测试装调台架电源开关并拔出电源线 |   | |
| **8**<br>清洁整理线束<br>1）使用干净无纺布清洁 RJ45 接口 CAT.5 网线两端插接口及智能座舱测试装调台架电源线插头、插口<br>2）清洁 RJ45 接口 CAT.5 网线与智能座舱测试装调台架电源线线束表面<br>3）捆绑好智能座椅 RJ45 接口 CAT.5 网线和智能座舱测试装调台架电源线并放置于清洁的工作台上 |  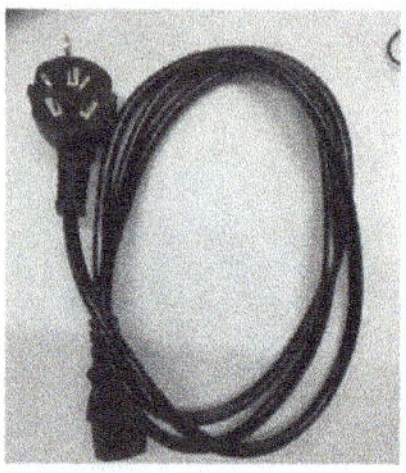 | 是否清洁测试装调通信线及两端口 □ |
| **9**<br>清洁工具并整理<br>1）使用干净无纺布分别清洁使用过的拆卸装调工具<br>2）将工具归位到工具盒内 | 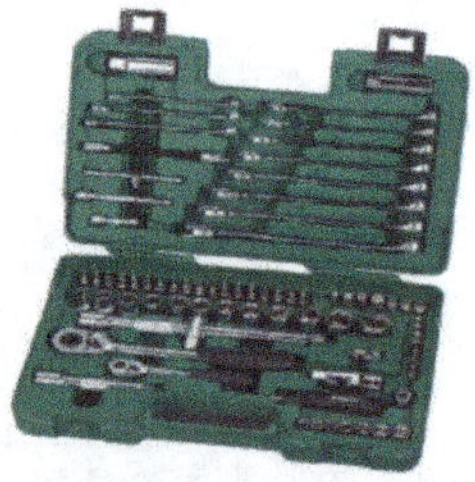 | |
| **10**<br>清洁车辆、台架和实训工作台<br>1）使用干净无纺布清洁实训车上触碰过的区域<br>2）使用干净无纺布清洁智能座舱系统测试装调台架<br>3）清洁工作台，并叠好无纺布放置于合适位置<br>4）清洁整理流程完毕，卸下安全防护用品并整理放好后离开实训区域 |  | 是否清洁实训车上触碰过的区域 □<br><br>是否清洁智能座舱测试装调台架触碰过的区域 □<br><br>是否清洁工作台 □<br><br>是否卸下并整理好安全防护工具 □ |

## 3.6 任务评价与小结

### 1. 任务评价

见附录 D 和附录 E。

### 2. 任务小结

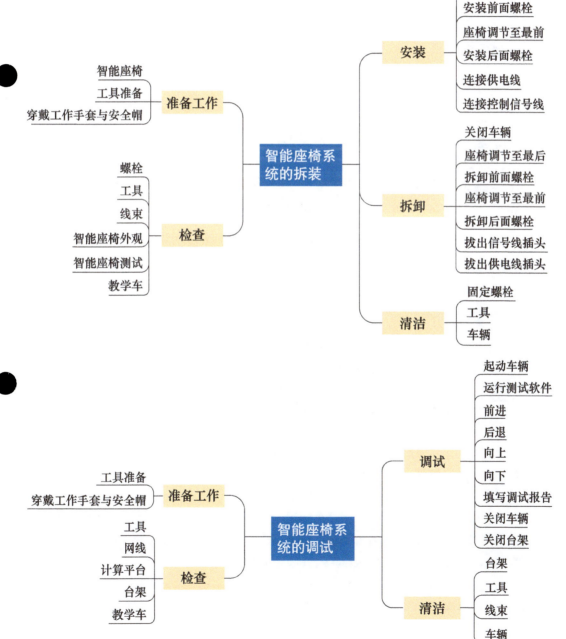

# 学习任务 4
# 抬头显示系统的拆装与调试

## 4.1 任务导入

车辆原车没有配备抬头显示（Head-Up Display，HUD）系统，车主有加装需求，并且要能实现 HUD 显示数据与车辆仪表盘上显示数据的同步。初级技术人员需要拆装抬头显示系统，完成抬头显示系统的线路连接，并完成系统调试。

## 4.2 任务分析

| | |
|---|---|
| 知识目标 | 1. 了解抬头显示系统技术的发展与应用。<br>2. 了解抬头显示系统的作用、结构及特点。<br>3. 熟悉抬头显示系统的工作原理。 |
| 技能目标 | 1. 能够熟练使用抬头显示系统装调时所需的工具。<br>2. 能够独立完成抬头显示系统的拆装。<br>3. 能够独立完成抬头显示系统的调试。 |
| 素养目标 | 1. 养成良好的行为规范和职业道德。<br>2. 培养良好的团队意识及沟通交流能力。<br>3. 养成善于思考、深入研究等良好的自主学习习惯和创新精神。 |

## 4.3 任务资讯

### 1. 抬头显示的概念

驾驶员要看仪表盘或者中控大屏上的信息时,视线就必须从自己前方的路面上偏移,可能会因此发生事故,如图4-1所示。因此,不少汽车使用了抬头显示技术来降低由于驾驶员低头造成的事故发生率。

图 4-1 低头看导航导致事故发生

抬头显示是驾驶辅助系统的一部分,通过投影装置将对驾驶员有用的信息以醒目的数字、图像或者视频的方式展示在驾驶员前方风窗玻璃或显示屏上(图4-2),让驾驶员在驾驶过程中保持眼睛的焦距在道路上,降低低头观察仪表的频率以提升驾驶安全性。

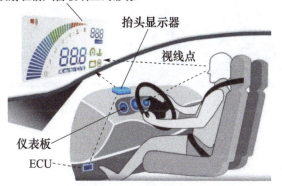

图 4-2 抬头显示

### 2. 抬头显示的应用

(1)在飞机上的应用  HUD这一技术其实很早就已经存在了,它是战争的产物，最开始是应用于战斗机上，第一架使用 HUD 的飞机是美国海军的 A-5 舰载机，如图 4-3 所示。

飞行员在高速飞行中需要有极快的反应速度和高度集中的注意力，而且战机的仪表复杂，信息量要远远高于汽车。为了避免飞行员频繁地通过

图 4-3 美国海军的 A-5 舰载机

仪表查看飞行数据，分散注意力，HUD 系统应运而生。在飞机上，这种技术有个更为专业的名词叫作全息衍射平显系统。

简单来说，这个"高精尖"技术就是利用了光学反射原理，将重要的信息投射在座舱前端的一片玻璃或座舱罩上，投射的影像调整在焦距无限远的距离，且高度基本与视线保持水平，这样飞行员只需目视前方，便能看到飞行的重要参数，比如目标提示、瞄准目标、航速、高度以及装备状态等信息（图 4-4）。

随后，HUD 技术逐渐应用到民用飞机上。飞行员可以在投射屏上看到比如航速、高度以及到目标航点距离等信息（图 4-5）。

 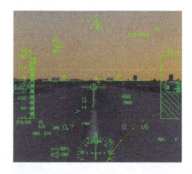

图 4-4 军用飞机上应用的抬头显示技术　　图 4-5 民用飞机上应用的抬头显示技术

（2）在游戏上的应用　早期的现实类射击游戏，也是沿用 HUD 的界面设计，将信息展示引用到游戏界面上，这时候的游戏画面简陋，HUD 设计也就是单纯显示信息，毫无美感可言，甚至有些影响视线，如图 4-6 所示。

随后，HUD 技术发展到可以在游戏中显示除看到的环境外的一些信息，如剩余子弹数、小地图（图 4-7）这些信息都在抬头显示的范围内。抬头显

示界面设计主要是为玩家提供便利，目的是让玩家把注意力集中到屏幕上，不用去看键盘之类的东西。

图 4-6　早期游戏上应用的抬头显示技术界面

图 4-7　后期游戏上应用的抬头显示技术界面

（3）在汽车上的应用　HUD 已不再是战斗机的专利，也一度作为豪华车型的高科技配置，而今 HUD 已经逐渐走向平民化。

HUD 最早出现在汽车上是 20 世纪 80 年代末，对于行车安全的重视让汽车厂商想到了这种飞行显示技术。1988 年，通用汽车在其旗下的 Oldsmobile（奥兹莫比尔）Cutlass Supreme Indy 500 Pace Car 上采用了抬头显示器，这是世界上首款采用 HUD 技术的汽车。最早 HUD 显示信息只有车速，既没有导航也没有高级驾驶辅助系统（ADAS）功能展示（图 4-8）。

目前，汽车上的抬头显示技术能把时速、导航、自适应巡航和变道辅助等重要的行车信息投影到驾驶员前面的风窗玻璃上，让驾驶员尽量做到不低头、不转头就能看到时速、导航等重要的驾驶信息，如图 4-9 所示。

图 4-8　1988 年通用汽车上抬头显示的应用

图 4-9　汽车上抬头显示的应用

### 3. 抬头显示技术原理与系统构成

（1）抬头显示技术工作原理　车载芯片将信息传输至投影设备，形成影像后经过光学反射或折射投影至驾驶员视线前方风窗玻璃或者透明显示屏上，最终反馈到驾驶员眼中。

HUD 的原理类似于幻灯片投影。由投影仪发出光信息，经过反射镜反射到投影镜上，再由投影镜反射到风窗玻璃，人眼看到的是虚像，感觉就是信息悬浮在前方路上，图 4-10 所示。

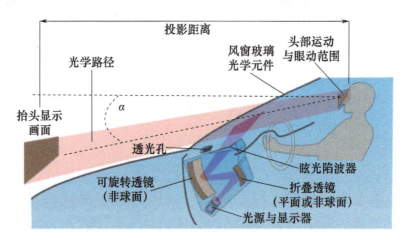

图 4-10　汽车上抬头显示技术工作原理

HUD 工作流程（图 4-11）如下：传感器→车载计算单元→投影仪→反射镜→投影镜→风窗玻璃→人眼。

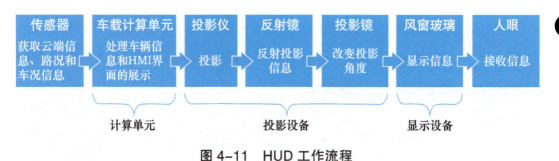

图 4-11　HUD 工作流程

（2）抬头显示系统的构成

1）车载计算单元（图 4-12）。车载计算单元的作用是处理不同来源的车况数据后输出给驾驶员的投影信息，其中信息包含投影内容（导航、车速等信息）、交互界面（内容显示的分布）和整个交互界面的位置（虚拟图像需要计算单元结合路况、车况去匹配）。

2）投影设备（图4-13）。投影设备内部集成了投影仪、反射镜、投影镜、调节电动机及控制单元，HUD控制单元从车上数据总线获取车速、导航等信息。投影设备的作用是根据车载计算单元的输出，生成显示图像。

风窗玻璃是弯曲的，图像若是直接投射在弯曲的玻璃面上，会造成图像变形。这就需要一个纠正措施，因此投影镜和反射镜被设计成弯曲的。

图4-12　车载计算单元

图4-13　投影设备

3）显示设备（图4-14）。显示设备一般来说就是车载风窗玻璃（CHUD，一种自带小屏幕的HUD），其作用是将数据和图像展示给驾驶员。

图4-14　显示设备

大家可能会想，这种风窗玻璃有什么特殊的？图4-15a是普通风窗玻璃夹层结构示意，如果把HUD图像投射到普通风窗玻璃上，很容易形成图像重影，投射效果差。而HUD风窗玻璃夹层内部的PVB膜呈楔形，即玻璃呈上厚下薄的状态，这样就不会形成图像重影，如图4-15b所示。

为了降低玻璃成本，在大多搭配HUD系统的A、B级车上会另外配备一块反射玻璃（如马自达和标致的HUD系统）；而在大多豪华品牌上，成本限制没那么紧张，就会使用HUD风窗玻璃。

a）普通风窗玻璃夹层　　　　b）HUD 风窗玻璃夹层

图 4-15　普通风窗玻璃夹层与 HUD 风窗玻璃夹层对比

### 4. 抬头显示的类型

（1）C-HUD　C-HUD（Combiner HUD）将独立镜面光学设计置于仪表盘上方（图 4-16），可以作为独立系统进行光学设计，投影成像载体为驾驶员前方的一块 6~8in 的透明树脂玻璃屏幕，投影成像距离小于 2m。

目前，由于 C-HUD 的成本比 W-HUD 更低，制造商开始在中等价位车型中部署 C-HUD。例如，起亚的 B 级车型 Seltos（2019 年在印度推出），正是瞄准了尚待开发的印度中等价位车型的 HUD 市场。

（2）W-HUD　W-HUD（Windscreen HUD）利用光学反射的原理（图 4-17），将重要的行驶相关资讯投射在风窗玻璃上面显示，显示效果更为一体化。

图 4-16　C-HUD　　　　　　　图 4-17　W-HUD

W-HUD 是最常见的 HUD 技术类型，信息直接显示在风窗玻璃上。驾驶员看到的是虚拟图像，不是风窗玻璃上的静态图像，而是漂浮在发动机舱盖上的图像，通常距离驾驶员的眼睛约 2m。奥迪 A3、宝马 5 系和奔驰 C

级都采用了这种技术。

（3）AR-HUD　AR-HUD 的功能如下：通过车身 ECU 控制车辆数据输出和不同数据与实景的结合；车辆与导航系统结合进行导航指示；ADAS 功能通过 AR 呈现来提供行车中道路偏移、前车预警及障碍物识别等提示（图 4-18）。

AR-HUD 对于用户而言，具有很大的直观性，通过结合现实路况信息，实时出现一些虚拟箭头来直观地引导我们前进，从而避免在驾驶中出现开过路口和分散驾驶员注意力的情况。

3D AR-HUD 根据目标的 3D 位置动态投影，可以显示前方道路的信息以及为乘客提供个性化 3D 信息娱乐。

AR-HUD 有显示质量好、显示尺寸大和可视范围广、显示内容与路况结合、更加形象生动等优点；同样，也有研发周期长、制造难度大、成本比较高（例如镜片的制造成本高，难度大）等缺点（图 4-19）。

图 4-18　AR-HUD

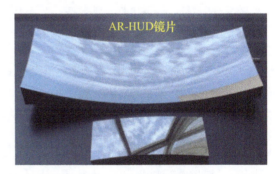

图 4-19　AR-HUD 镜片

发展潜力：

1）HUD 技术被业界重新重视，不仅因为它能提高驾驶安全性和显示效果，更重要的是 AR 技术的出现，让 HUD 的使用场景有了更多可能，能够提供更远的成像距离和更广的视场角，并生动地将驾驶信息与现实路况叠加显示。

2）在驾驶安全方面，AR-HUD 将结合 ADAS、汽车传感器进行安全提醒。比如，跟车距离预警、压线预警、红绿灯监测、提前变道预警、行人预警、路标显示、车道偏离预警、前方障碍物预警、驾驶员状态监测等。同时，通过颜色的变化来提醒驾驶员安全度。

3）AR-HUD 可以结合人的眼球跟踪，实时感知瞳孔和凝视位置，为驾驶员提供更准确的信息定位，同时为客户定制不同的体验要求。

4）在亮度调节方面，AR-HUD 采用类似于光线自适应技术，具备自动侦测环境亮度的功能，可以实现自动调节 HUD 照明亮度以适应环境（白天、夜晚、阴天、晴天等）。

5）在驾驶娱乐方面，AR-HUD 将结合当前位置、地图和场景 AI 等为驾驶员提供附近景区、商场、餐厅等信息，实现车与道路环境的互联。

6）在不同场景下，驾驶员可以通过方向盘、中控等来操控显示信息，选择不同的 AR-HUD 场景模式和设置，从而将某些驾驶信息合理地叠加在驾驶员视野中。

7）可以选择驾驶场景下的车辆自适应模式。例如在高速公路行驶时，可以将 AR-HUD 设置为导航模式，仅显示导航和安全提醒信息；在街道和低速路段行驶时，则可以设置推荐周边信息的 AR-HUD 场景模式；在事故多发路段或山区行驶时，则需要选择以安全 AR-HUD 为主要内容的场景模式等。

在未来 AR-HUD 的应用中，还可能会融合大数据、车路协同、乘员监测等技术，一起完成安全驾驶。

（4）三大类型 HUD 比较　　HUD 当前仍属小众，但其全面推广具备必然性。装配 HUD 对于终端使用者来讲存在三大必要性：行车安全性、交互便捷性、行车智能性。三大需求端的必要性必然会推动 HUD 的全面普及。因此，三大类型 HUD 各有其优劣势（表 4-1 和图 4-20）。

表 4-1　三大类型 HUD 比较

| 类型 | 介绍 | 优势 | 劣势 |
| --- | --- | --- | --- |
| C-HUD<br>组合型抬头显示 | 放置于仪表上方的一块透明树脂玻璃，一般会根据成像条件对这块玻璃进行特殊处理 | 做成楔形来避免玻璃两面的反射重影，可以有效控制成本，提高显示效果 | 置于仪表上方，在车辆碰撞时可能会对驾驶员产生二次伤害，不利于车内安全 |
| W-HUD<br>风窗型抬头显示 | 显示屏直接使用汽车的风窗玻璃，使用 TFT 投影技术 | 显示效果更为一体化，也有助于造型布置，较为安全 | 要根据风窗玻璃的尺寸和曲率去适配高精度非球面反射镜，这也直接导致了 W-HUD 成本的升高 |

（续）

| 类型 | 介绍 | 优势 | 劣势 |
| --- | --- | --- | --- |
| AR-HUD 增强现实抬头显示 | AR实景模拟，使用数字光处理（DLP）技术 | 图像信息精准结合实际交通路况，更加逼真，使用方便 | 成本高，技术难关较多 |

a）C-HUD

b）W-HUD

c）AR-HUD

图 4-20　HUD 三大类型比较

（5）HUD 产品模式　HUD 一般分为两种模式，第一种是原车高配或选装出厂就带的配置，属于前装。例如宝马、奥迪、奔驰、马自达、红旗、标致、吉利、讴歌（图 4-21）等旗下部分车型均配有 HUD 系统。

第二种则是后期自己加装的 HUD，属于后装。通过连接车辆自诊断系统（OBD）接口来取电或读取数据，将读取到的数据显示到屏幕上，例如途行者和乐驾车萝卜，其目前的主要产品均为后装 C-HUD，市场规模逐渐缩小，客户等级较低，未来发展空间较小（图 4-22）。

图 4-21　讴歌 HUD

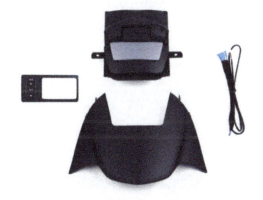
图 4-22　HUD 加装套件

在系统层面，这些 HUD 基本上都是采用安卓系统，然后根据 HUD 的交互进行相应的软件调整。

### 5. 抬头显示技术的特点

（1）显示位置相对固定　HUD 信息显示位置为人眼正前方偏下 5°~10°，视线稍下移处，不会干扰行车过程中驾驶员对正前方外界信息的把握，又能够避免"低头"观察仪表忽视前方路况信息，如图 4-23 所示。

（2）显示信息层次分明、简洁明了　为避免 HUD 呈现信息对驾驶员关注前方路况造成干扰，需要对信息呈现进行合理布局，控制界面信息数量，强调主体。通过对颜色、尺寸、位置等视觉元素进行主次区分，构建层次感；使预警信息进行动态变化，配合亮度、闪烁和音效对驾驶员进行提醒，如图 4-24 所示。

图 4-23　显示位置相对固定　　　图 4-24　显示信息层次分明，简洁明了

（3）现阶段 HUD 整体渗透率较低，主要搭载于高端车型中　渗透率较低的主要原因是 HUD 设计难度较大，成本较高，现阶段主要搭载在高端车型上。随着技术逐渐成熟，成本进一步降低，未来有望由高端车型向中低端车型加速渗透。

### 6. 投影技术分类

（1）TFT 投影技术　TFT 是指液晶显示器上每个液晶像素点都是由集成在像素点后面的薄膜晶体管来驱动，从而可以做到高速度、高亮度、高对比度显示屏幕信息，是目前最好的液晶面板（LCD）彩色显示设备之一，如图 4-25 所示。

图 4-25　TFT-LCD 屏

TFT 具有低成本、工艺灵活和应用领域广泛等特点，但也有投影距离、背光要求功率高，导致散热困难等问题。

（2）数字光处理（Digital Light Processing，DLP）技术　DLP 技术是美国德州仪器的专利技术，通过集成了数十万个超微型镜片的数字微镜芯片（DMD），可以将强光源经过数字反射后投影出来，如图 4-26 所示。

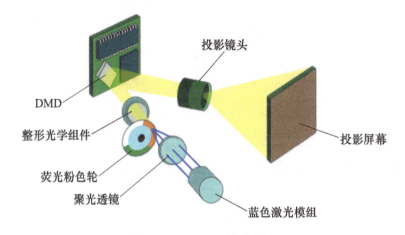

图 4-26　DLP 技术原理

DLP 投影技术亮度高、分辨率高、成像逼真，目前较多的前装 HUD 均采用此种技术，德州仪器公司也一直在汽车行业推广 DLP。

（3）激光投影技术　激光投影显示技术（LDT）也称激光投影技术或者激光显示技术，它是以红、绿、蓝（RGB）三基色激光为光源的显示技术，可以最真实地再现客观世界丰富、艳丽的色彩（图 4-27）。

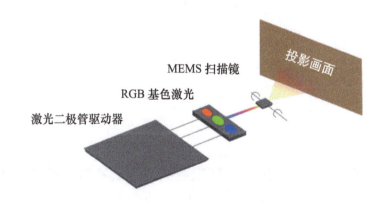

图 4-27　激光投影技术

激光投影技术在 HUD 应用上属于研发阶段。在奥迪即将推出的车型中,将激光投影技术应用在前照灯上,把信息和虚拟图像投影在前方道路上,提高了行驶安全性以及娱乐性。

### 7. 抬头显示系统的市场规模和主要供应商

(1) HUD系统市场规模　根据新思界产业研究中心发布的《2021—2025年抬头显示器行业深度市场调研及投资策略建议报告》显示,2019年,全球抬头显示器市场规模达到115亿美元。

由于抬头显示器行业存在一定的技术、资金壁垒,因此全球范围内,抬头显示器市场集中度较高,相关生产企业包括日本精机、德国博世、美国伟世通、德国大陆、日本先锋、日本松下等企业。

国内也有众多规模相对偏小的供应商,比如华阳集团、泽景电子、未来(北京)黑科技、水晶光电、点石创新、京龙睿信等,其中华阳集团综合实力最强。

就收入市场份额而言,全球HUD市场主要由大陆和日本精机主导,2019年两家供应商控制着近60%的市场份额。目前大陆处于领先地位,并有望在未来可见的时间段持续保持下去,因为它不仅拥有稳固的客户,还持续在HUD领域进行创新投入。

预计到2025年,以纯电动汽车(BEV)、插电式混合动力汽车(PHEV)和混合动力汽车(HEV)为主的电动汽车的市场占有率将达到汽车销售总量的30%,而电动汽车中HUD的销量将占HUD总销量的16%。另外,运动型多用途汽车(SUV)和自动驾驶汽车也是HUD的潜在"客户"。

一旦更多的L4级自动驾驶汽车被推出,HUD的市场渗透率将会进一步上升。

(2) HUD主要供应商

1) 国外主要供应商。

①日本精机:全球最大的HUD制造商,产品基本都是W-HUD。宝马(3系、5系、6系、7系、X3、X5、X7、i3、i8)、奥迪(A4、A5、Q5、Q7)、奔驰(GLE)、凯迪拉克(XTS)等都采用了日本精机的HUD。日本精机在2020年产能达到300万台。

②日本电装：电装 HUD 主要供应丰田等日系品牌，包括丰田的卡罗拉、皇冠、凯美瑞双擎混动、马自达（CX-5、CX-9）、雷克萨斯 LS 等。

③德国大陆：大陆是 HUD 技术较早推动者之一，相关产品在奔驰 S 级、GLC，奥迪的 A6、A7、A8，宝马的 3 系、4 系、5 系、6 系，大众帕萨特和途观上均有配置。

2）国内主要供应商。

①华阳集团。华阳于 2012 年开始组建 HUD 团队，目前已推出较为成熟的 C-HUD、W-HUD 及 AR-HUD 产品与解决方案，其中 W-HUD 已获得多个国内外车企的量产项目；在 AR-HUD 方面，华阳自行搭建了完整的 AR-HUD 平台，包括 ADAS、仪表、导航的输入，相关产品于 2021 年底开始陆续搭载量产车型面世。

②未来（北京）黑科技。该公司专注于汽车显示技术，在 HUD、增强与混合光场显示、无介质光场显示等领域均有布局。其推出标准版/智能版/紧凑版三种不同版本的 W-HUD，分别贴合不同市场，其中智能版部分参数甚至达到 AR-HUD 水平。未来黑科技的 HUD 产品量产客户主要包括宝马、一汽、上汽等。

③水晶光电。一家专注于光电显示领域的上市公司，主导产品光学低通滤波器（OLPF）、红外截止滤光片及组力件（IRCF）和窄带滤光片（NBPF）产销量居全球前列，3D 深度成像、光学元器件、AR 组件、半导体封装光学元器件等产品均已应用于全球知名消费电子、汽车电子、安防监控等企业。HUD 领域产品主要包括 PGU（DLP 技术路径显示模组）、W-HUD 以及 AR-HUD，目前公司前装产品正在打样阶段。

④点石创新。专注于光学系统、人机交互（HMI）、图形算法、增强现实（AR）等领域。在汽车 HUD 领域的技术已成熟稳定，为多个车型定制开发的 HUD 方案已批量上市。2017 年初，点石创新参与并完成基于上汽荣威某款车型的 AR-HUD 光学设计，该产品成为国内首款真正应用 AR 技术融合导航和高级驾驶辅助系统的 HUD，在体积控制、成像大小、画质效果等方面均处于国内领先水平。

## 资讯小结

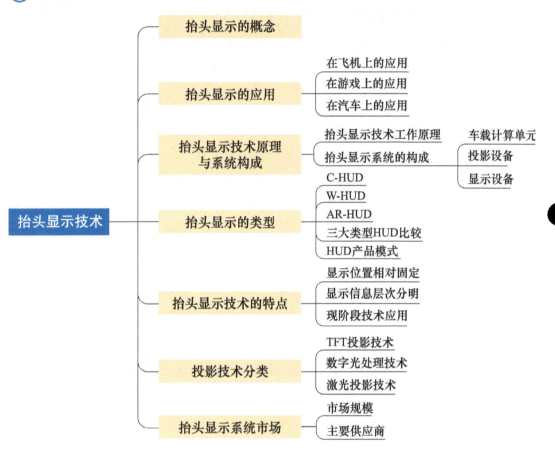

## 4.4 任务准备

### 1. 任务计划

（1）工具设备介绍

| 任务模块 | 设备工具 | 功能备注 |
| --- | --- | --- |
| 抬头显示系统的拆装与调试 | L3级智能网联教学车、智能座舱测试装调台架、HUD显示器及其信号线、云台及云台连接件、HUD支架、OBD接口数据传输线；工具和防护用品包括套装工具、扭力扳手和常用工具、安全帽、工作手套和干净无纺布 | 在本任务中，教学车是抬头显示系统的载体；测试装调台架的作用是用来调试抬头显示系统；OBD接口数据传输线连接车辆和测试装调台架，用于两者之间的数据通信 |

（2）实操预演

第一步：通过链接，熟悉任务流程。

第二步：通过链接，观看抬头显示系统的拆装与调试。

### 2. 任务决策

通过对"实操预演"环节的视频学习，并经过分析与讨论后，列出完整的操作步骤。

| 步骤 | 子任务 1<br>抬头显示系统的拆装 | 子任务 2<br>抬头显示系统的调试 |
| :---: | :---: | :---: |
| 1 | | |
| 2 | | |
| 3 | | |
| 4 | | |
| 5 | | |
| 6 | | |
| 7 | | |
| 8 | | |
| 9 | | |
| 10 | | |

## 4.5 任务实施

### 子任务 1　抬头显示系统的拆装

（1）前期准备

**1**
安装前检查
戴好工作手套和安全帽，将 HUD 显示器、HUD 支架、云台和工具等摆放在绝缘垫上，并进行安装前作业

（续）

## 2

螺栓、工具检查

1）螺栓外观结构完整，表面不应有破损、变形、裂痕、生锈等问题
2）螺栓螺纹无滑丝或变形，螺栓头无损坏或变形
3）螺栓垫片表面不应有破损、变形、裂痕、生锈等问题
4）工具齐全，使用功能正常

| 根据实际情况在"□"位置上打"√" | |
|---|---|
| 螺栓表面有无破损 | 有□ 无□ |
| 螺栓表面有无变形 | 有□ 无□ |
| 螺栓表面有无生锈 | 有□ 无□ |
| 螺栓是否齐全 | 是□ 否□ |
| 螺纹有无滑丝或变形 | 有□ 无□ |
| 螺栓外六角有无损坏或变形 | 有□ 无□ |
| 垫片有无破损 | 有□ 无□ |
| 垫片有无变形 | 有□ 无□ |
| 垫片有无生锈 | 有□ 无□ |
| 工具是否齐全 | 是□ 否□ |
| 工具使用功能是否正常 | 是□ 否□ |

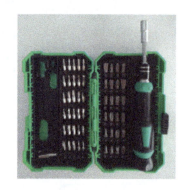

## 3

OBD 接口数据传输线外观检查

1）外观结构完整，表面不应有破损、变形、裂痕等问题
2）连接针脚无损坏、变形或生锈

| 根据实际情况在"□"位置上打"√" | |
|---|---|
| 表面有无破损、裂痕 | 有□ 无□ |
| 表面有无变形 | 有□ 无□ |
| 针脚有无损坏 | 有□ 无□ |
| 针脚有无生锈 | 有□ 无□ |

（续）

**4**

HUD 显示器、云台及 HUD 支架外观检查

1）HUD 显示器外观完整，无脏污、破损、划痕、裂纹、凹痕和凸点，后端针脚无损坏、变形或生锈等缺陷

2）云台外观完整，无脏污、破损、划痕和裂纹，部件活动正常，云台锁紧螺栓正常

3）HUD 显示器支架无破损、变形、裂痕、掉漆或生锈等缺陷，夹紧功能正常

| 根据实际情况在"□"位置上打"√" | |
|---|---|
| HUD 显示器有无脏污 | 有 □ 无 □ |
| HUD 显示器有无破损、划痕、裂纹 | 有 □ 无 □ |
| HUD 显示器有无凹痕和凸点 | 有 □ 无 □ |
| HUD 显示器针脚有无损坏、变形或生锈 | 有 □ 无 □ |
| HUD 支架有无破损、变形、裂痕 | 有 □ 无 □ |
| HUD 支架有无掉漆或生锈 | 有 □ 无 □ |
| HUD 支架弹簧有无异常 | 有 □ 无 □ |
| HUD 支架螺栓孔有无异常 | 有 □ 无 □ |
| 云台有无破损、变形、裂痕、掉漆 | 有 □ 无 □ |
| 云台固定螺栓孔有无缺失 | 有 □ 无 □ |
| 云台固定螺栓有无破损、变形、裂痕 | 有 □ 无 □ |
| 云台活动件有无异常 | 有 □ 无 □ |

**5**

教学车检查

1）连接 12V 蓄电池负极线并拧紧固定螺母

2）踩住制动踏板，起动教学车，仪表"READY"灯能点亮，且档位处于"P"位

3）检查驻车制动指示灯是否已点亮，确保处于制动状态。

| 根据实际情况在"□"位置上打"√" | |
|---|---|
| 仪表"READY"灯是否能点亮 | 是 □ 否 □ |
| 档位是否处于"P"位 | 是 □ 否 □ |
| 驻车制动指示灯是否点亮 | 是 □ 否 □ |

（续）

| 6 HUD 功能品质检测 1）关闭车辆 2）检查 HUD 通信线的 OBD 端口并与车辆 OBD 接口连接 3）检查 HUD 通信线插口并与 HUD 显示器连接 4）观察 HUD 显示器显示是否正常 ||  |
|---|---|---|
| 根据实际情况在"□"位置上打"√" |||
| 线束外观是否正常 | 是 □ 否 □ ||
| 线束外观插头针脚是否正常 | 是 □ 否 □ ||
| 连接线束起动车辆，显示器是否正常读取数据 | 是 □ 否 □ ||
| 结论：HUD 显示器功能是否正常 | 是 □ 否 □ ||

（2）实操演练

| 实施步骤 | 标准 / 图示 | 操作要点 |
|---|---|---|
| **1** 关闭车辆 确保车辆点火开关处于关闭状态，仪表处于熄屏状态 |  | 车辆是否关闭 □ |
| **2** 断开蓄电池负极 用工具拆卸 12V 低压蓄电池负极线 |  | 蓄电池负极是否断开 □ |

💡 注意：断开蓄电池电源时，不能先拆卸蓄电池正极线缆。由于拆装工具是金属制成的，如果先卸下正极，则由于负极已连接到外壳，工具容易碰到外壳并使正极和外壳短路，这是非常危险的，轻者会造成蓄电池短路损坏，严重的话会引发汽车起火

（续）

| 实施步骤 | 标准/图示 | 操作要点 |
|---|---|---|
| 3<br>安装云台<br>1）检查云台固定螺栓及垫片，将垫片套进固定螺栓上<br>2）使用合适工具安装云台 |   | 安装前是否需要增加垫片□ |
| 4<br>安装 HUD 显示器支架<br>1）检查 HUD 显示器支架，检查云台插接件<br>2）先预紧，再用适合工具将云台插接件安装到 HUD 显示器支架上 |   | |
| 5<br>安装 HUD 显示器并调节 HUD 显示器位置<br>1）将 HUD 支架安装到云台上<br>2）检查 HUD 线束以及 HUD 显示器端口并连接<br>3）将 HUD 显示器安装到 HUD 支架上<br>4）起动车辆，调节 HUD 显示位置（直至 HUD 投影景象调整至驾驶员平视范围内），然后锁止云台锁止螺栓，关闭车辆，断开低压蓄电池负极线 |     | 检查 HUD 支架是否正常夹住 HUD 显示器□ |

（续）

| 实施步骤 | 标准/图示 | 操作要点 |
|---|---|---|
| **6**<br>OBD 接口数据传输线连接<br>检查车辆 OBD 端口是否正常（针脚无损坏、变形或锈蚀），并连接通信线（车辆 OBD 端） | 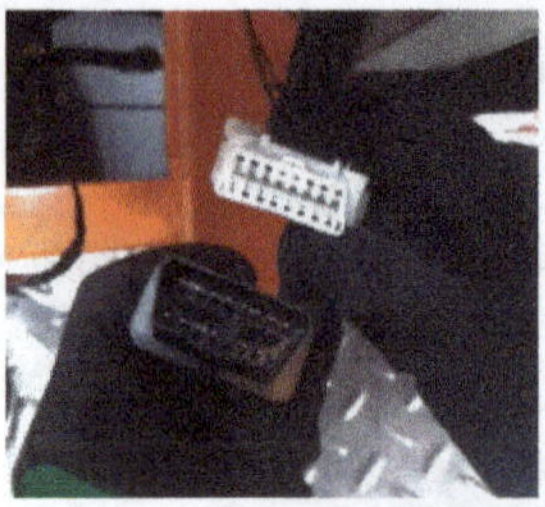  | OBD 接口数据传输线两端插头是否断开□ |
| **7**<br>拆卸 OBD 接口数据传输线<br>断开与 HUD 连接的 OBD 接口数据传输线插头 |  | |
| **8**<br>拆卸 HUD 显示器<br>1）将 HUD 显示器从支架上移出<br>2）断开 HUD 显示器线束 |  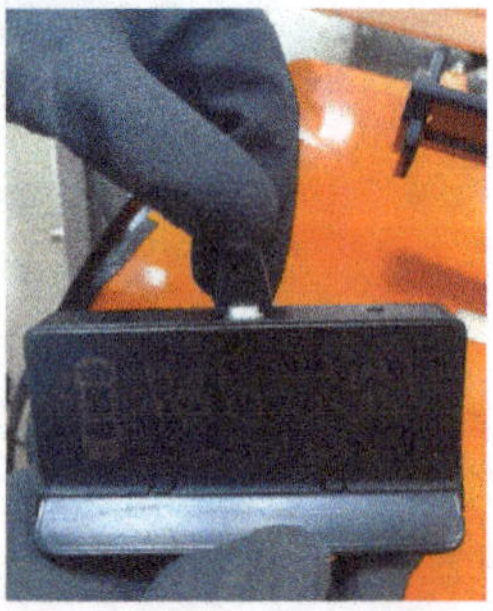 | 先用手松开_____，移出 HUD 显示器；再使用工具拆卸_____，并摆放在工作台上 |
| **9**<br>拆卸 HUD 支架及云台<br>1）旋开 HUD 支架螺栓，拆卸 HUD 支架<br>2）使用套筒工具拆卸云台固定螺栓 |  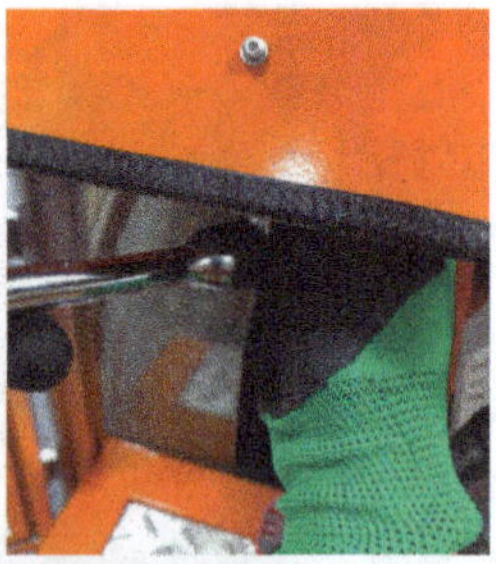 | |
| **10**<br>拆卸云台插接件<br>使用工具拆卸云台插接件 | 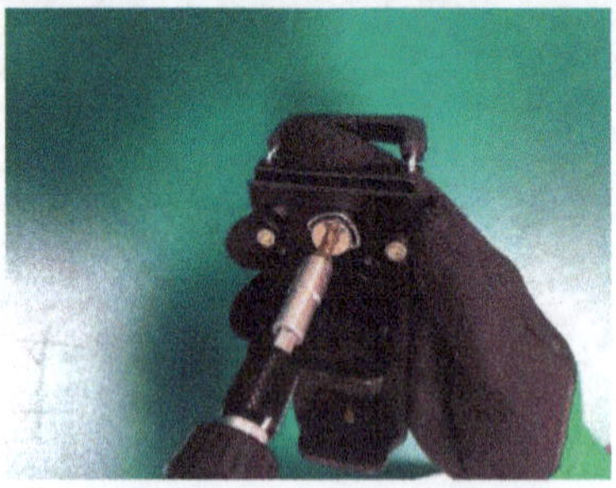 | 最后在工作台上使用_____工具拆卸云台插接件 |

（续）

| 实施步骤 | 标准/图示 | 操作要点 |
|---|---|---|
| 11 清洁 HUD 显示器、HUD 支架、云台及插接件<br>1) 使用干净无纺布清洁 HUD 显示器<br>2) 清洁 HUD 支架<br>3) 清洁云台及插接件 | 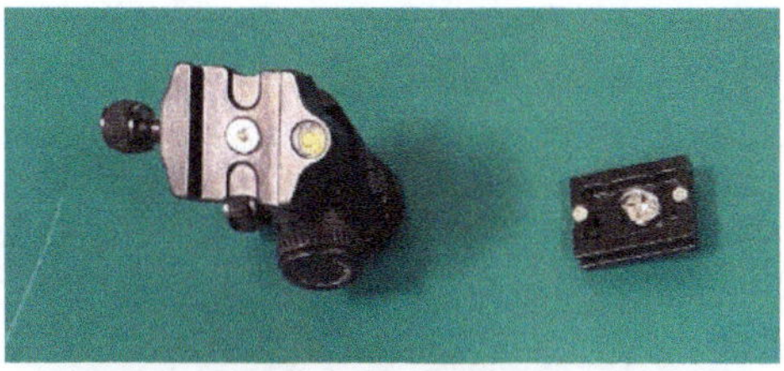 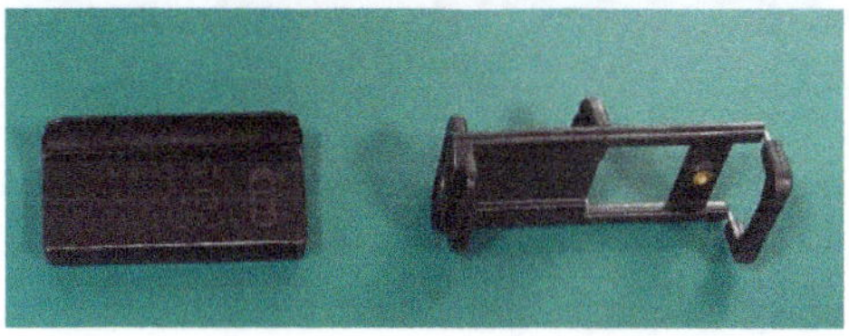 | 是否清洁 HUD 显示器表面□<br>是否清洁 HUD 显示器插接口□<br>是否清 HUD 显示器支架□<br>是否清洁云台及插接件□ |
| 12 清洁固定螺栓及螺栓垫片<br>1) 清洁螺栓盒<br>2) 清洁固定螺栓和垫片并放置于螺栓盒内 |  | 是否清洁使用过的固定螺栓和垫片并放回螺栓盒□ |
| 13 清洁整理线束<br>1) 使用干净无纺布清洁 OBD 接口数据传输线两端插接口<br>2) 捆绑好 OBD 接口数据传输线并放置于清洁的工作台上 | 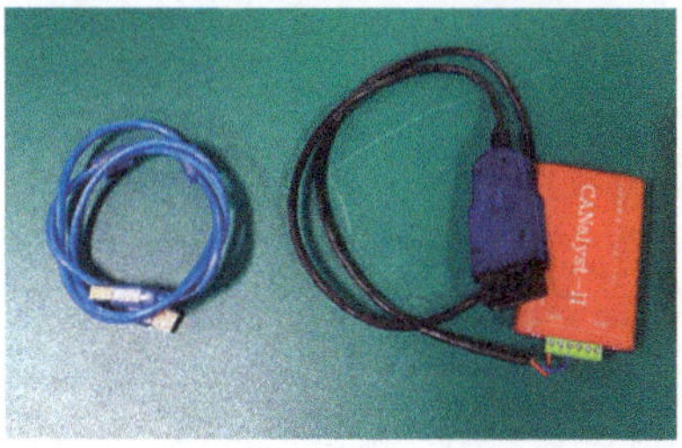 | |
| 14 清洁工具并整理<br>1) 使用干净无纺布分别清洁使用过的拆卸装调工具<br>2) 将工具归位到工具盒内 |  | 工具、螺栓和垫片是否有丢失情况□ |

（续）

| 实施步骤 | 标准/图示 | 操作要点 |
|---|---|---|
| **15**<br>清洁车辆、台架和实训工作台<br>1）使用干净无纺布清洁实训车上触碰过的区域<br>2）清洁工作台，并叠好无纺布放置于合适位置<br>3）清洁整理流程完毕，卸下安全防护用品并整理放好后离开实训区域 |  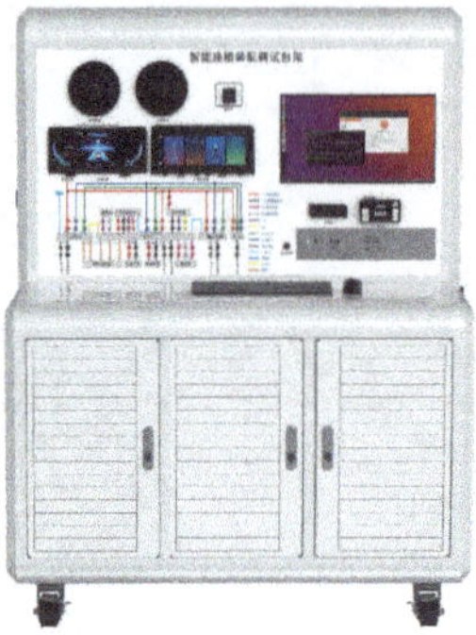 | 是否清洁实训车上触碰过的区域 □<br><br>是否清洁工作台 □<br><br>是否卸下并整理好安全防护工具 □ |

### ▶ 子任务2　抬头显示系统的调试

（1）前期准备

**1**
准备工作
戴好工作手套和安全帽，将工具摆放在绝缘垫上，并进行调试前作业

**2**
工具检查
1）外观结构完整，表面不应有破损、变形、裂痕、生锈等问题
2）工具齐全，使用功能正常

| 根据实际情况在"□"位置上打"√" | |
|---|---|
| 表面有无破损 | 有 □　无 □ |
| 表面有无变形 | 有 □　无 □ |
| 表面有无生锈 | 有 □　无 □ |
| 工具是否齐全 | 是 □　否 □ |
| 工具使用功能是否正常 | 是 □　否 □ |

（续）

**3**

OBD 接口数据传输线外观检查

1）外观结构完整，表面不应有破损、变形、裂痕等问题
2）连接针脚无损坏、变形或生锈

| 根据实际情况在"□"位置上打"√" | |
| --- | --- |
| 表面有无破损、裂痕 | 有 □　无 □ |
| 表面有无变形 | 有 □　无 □ |
| 针脚有无损坏 | 有 □　无 □ |
| 针脚有无生锈 | 有 □　无 □ |

**4**

教学车检查

1）连接 12V 蓄电池负极线并拧紧固定螺母
2）踩住制动踏板，起动教学车，仪表"READY"灯能点亮，且档位处于"P"位
3）检查驻车制动指示灯是否已点亮，确保处于制动状态

| 根据实际情况在"□"位置上打"√" | |
| --- | --- |
| 仪表"READY"灯是否能点亮 | 是 □　否 □ |
| 档位是否处于"P"位 | 是 □　否 □ |
| 驻车制动指示灯是否点亮 | 是 □　否 □ |

**5**

检查智能座舱系统测试装调台架并连接

1）检查 HUD 线束侧 OBD 端口是否正常（针脚无损坏、变形或锈蚀），并连接通信线（HUD 线束侧 OBD 端）
2）检查台架车轮是否锁止
3）打开并检查智能座舱测试装调台架连接端口是否正常（针脚无损坏、变形或锈蚀）
4）正确连接智能座舱测试装调台架连接端口（对好针脚和定位销，缓慢顺时针方向旋转六角螺母，直至听到"嗒"一声）

（续）

5）接上台架电源线并按下台架电源开关，打开计算机

| 根据实际情况在"□"位置上打"√" 或根据实际情况在"＿＿＿"上填上正确答案 | |
|---|---|
| 智能座舱系统测试装调台架电源插口是否正常 | 是 □　否 □ |
| 智能座舱系统测试装调台架连接端口是否正常 | 是 □　否 □ |
| 将测试装调通信线一端口连接台架＿＿＿端口，另一端口连接车上的＿＿＿端口 | |

（2）实操演练

| 实施步骤 | 标准/图示 | 操作要点 |
|---|---|---|
| **1** 起动车辆<br>1）连接12V蓄电池负极线并拧紧固定螺母<br>2）踩下制动踏板，按下起动开关，起动车辆（仪表屏出现"READY"状态） | 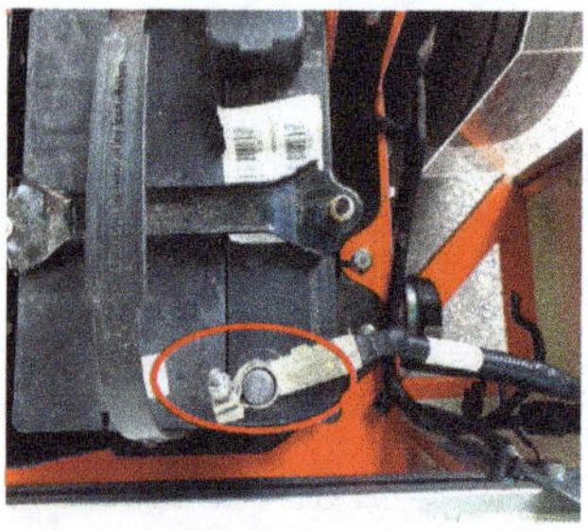  | 蓄电池负极是否连接 □<br><br>车辆是否起动 □ |
| **2** 运行测试软件<br>1）打开智能座舱系统测试装调台架上的一体机电源<br>2）台架起动成功后，在一体机桌面找到"智能座舱系统测试软件"快捷方式并双击运行 |  | |

学习任务 4　抬头显示系统的拆装与调试

（续）

| 实施步骤 | 标准/图示 | 操作要点 |
|---|---|---|
| **3**<br>测试 HUD 显示功能<br>1）单击"HUD"模块，选择"正常显示"，选择测试车速+剩余电量，查看是否正常显示<br>2）选择测试车速+档位，然后在车辆上挂档，查看是否正常显示<br>3）选择全亮测试，查看是否正常显示<br>4）选择全暗测试，查看是否全暗<br>5）选择手动测试，用鼠标在软件上逐个单击图标电量，查看是否正常显示<br>6）如果能正常显示并与车辆、投影以及软件上的数据同步，说明 HUD 系统功能正常 |  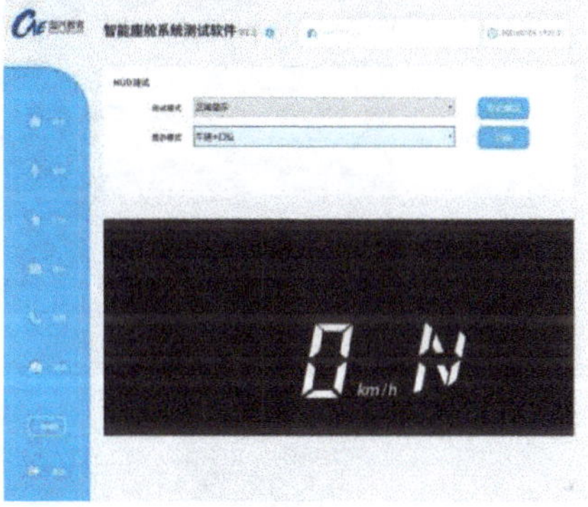 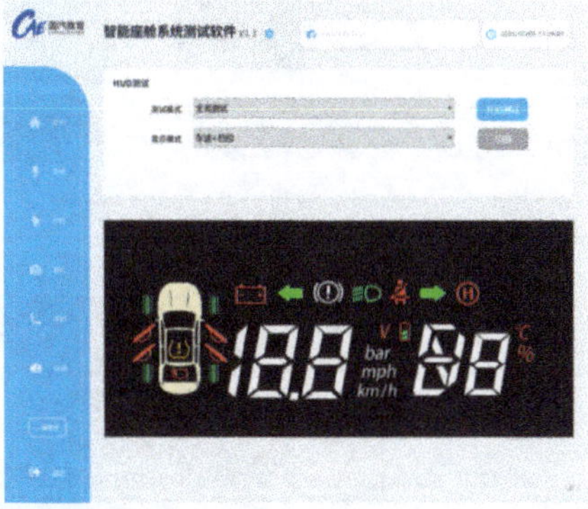 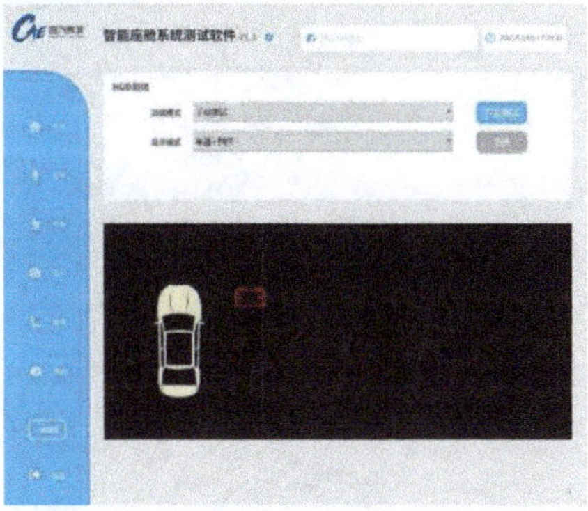 | 选择"正常显示"，选择测试车速+剩余电量，查看数据是否正常 □<br><br>是否与投影景象同步 □<br><br>选择测试车速+档位，然后在车辆上挂档，查看数据是否正常 □<br><br>是否与投影景象同步 □<br><br>选择全亮测试，查看数据是否正常 □<br><br>选择手动测试，再用鼠标在软件上逐个图标电量，查看数据是否正常 □ |

（续）

| 实施步骤 | 标准／图示 | 操作要点 |
|---|---|---|
| **4**<br>关闭车辆<br>1）按下车辆起动／关闭按钮，关闭车辆<br>2）使用 10mm 套筒拆卸 12V 蓄电池负极固定螺母并断开负极线束 |   | |
| **5**<br>关闭台架<br>1）关闭测试软件<br>2）关闭智能座舱测试装调台架上的计算机<br>3）关闭智能座舱测试装调台架电源开关并拔出电源线 | 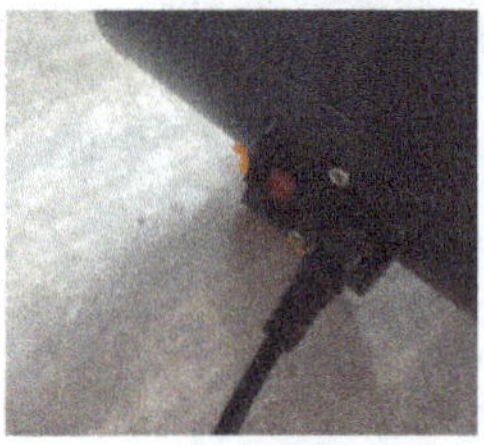  | |
| **6**<br>拆卸 OBD 接口数据传输线<br>1）断开与车辆 OBD 连接的 OBD 接口数据传输线插头<br>2）断开与台架连接的 OBD 接口数据传输线插头（逆时针方向旋转六角螺母），并装回接口护盖 |  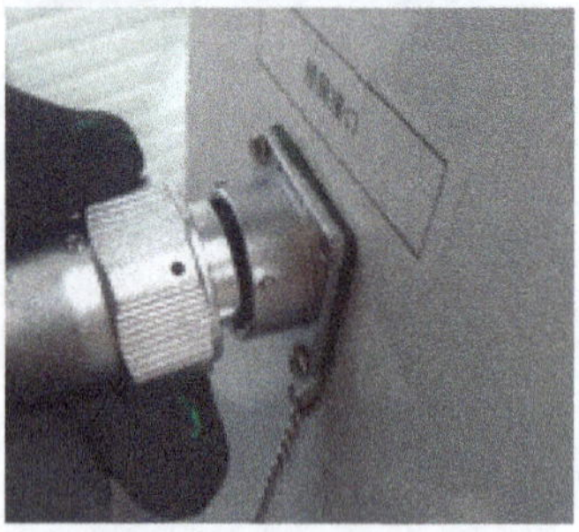 | |

（续）

| 实施步骤 | 标准/图示 | 操作要点 |
|---|---|---|
| **7**<br>清洁整理线束<br>1）使用干净无纺布清洁智能座舱测试装调台架电源线插头、插口<br>2）清洁 OBD 接口数据传输线与智能座舱测试装调台架电源线线束表面<br>3）捆绑好 OBD 接口数据传输线和智能座舱测试装调台架电源线并放置于清洁的工作台上 |   | 是否清洁智能座舱测试装调实训台架电源线及端口 □ |
| **8**<br>清洁工具并整理<br>1）使用干净无纺布分别清洁使用过的拆卸装调工具<br>2）将工具归位到工具盒内 |   | 工具是否有丢失情况 □ |
| **9**<br>清洁车辆、台架和实训工作台<br>1）使用干净无纺布清洁实训车上触碰过的区域<br>2）使用干净无纺布清洁智能座舱测试装调台架<br>3）清洁工作台，并叠好无纺布放置于合适位置<br>4）清洁整理流程完毕，卸下安全防护用品并整理放好后离开实训区域 | <br> | 是否清洁实训车上触碰过的区域 □<br><br>是否清洁智能座舱测试装调台架触碰过的区域 □<br><br>是否清洁工作台 □<br><br>是否卸下并整理好安全防护工具 □ |

## 4.6 任务评价与小结

### 1. 任务评价

见附录 F 和附录 G。

### 2. 任务小结

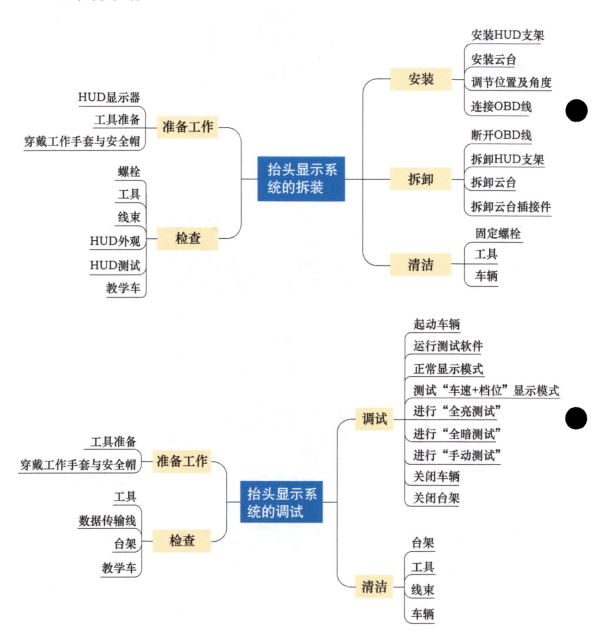

# 学习任务 5
# 手势交互系统的拆装与调试

## 5.1 任务导入

车内手势交互系统的摄像头无法正常工作,需要更换。初级技术人员需要拆装手势交互系统,完成手势交互系统的安装与调试。

## 5.2 任务分析

| 知识目标 | 1. 了解手势交互系统技术的发展。<br>2. 了解手势交互系统的工作原理。<br>3. 熟悉手势交互系统的应用。 |
|---|---|
| 技能目标 | 1. 能够熟练使用手势交互系统装调时所需的工具。<br>2. 能够独立完成手势交互系统的拆装。<br>3. 能够独立完成手势交互系统的调试。 |
| 素养目标 | 1. 养成良好的行为规范和职业道德。<br>2. 培养良好的团队意识及沟通交流能力。<br>3. 养成善于思考、深入研究等良好的自主学习习惯和创新精神。 |

## 5.3 任务资讯

### 1. 手势识别技术的发展

2019 年 8 月 23 日,谷歌借助 TensorFlow Lite 和 MediaPipe 开源了一款手势识别器,可以直接在手机上运行,并实现实时跟踪(图 5-1)。

图 5-1　一款开源的谷歌手势识别器

### 2. 手势识别的实现原理

谷歌的手势识别模式如图 5-2 所示。

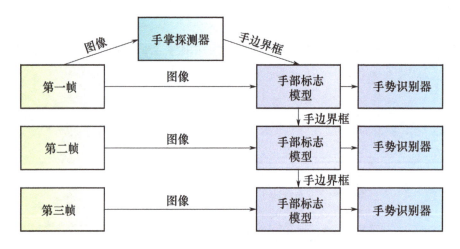

图 5-2　谷歌的手势识别模式

（1）Palm detector　从整个图像中界定手部轮廓，找到手掌的位置，检测平均精度达到 95.7%。

（2）Hand Landmarks　找到手掌之后，这个模型负责定位关键点，它可以找到手掌上的 21 个关节坐标。

（3）Gesture recognizer　手部关键点检测结果出来之后，这个模型负责判断比划出来的是什么手势。

### 3. 手势识别在汽车中的应用

手势识别在汽车中的应用如图 5-3 所示。

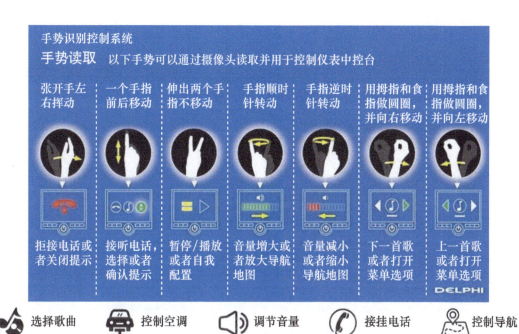

图 5-3　手势识别在汽车中的应用

应注意，与安全相关的功能，不应由其他方式代为操作。例如，换档、驻车等操作不能通过手势来控制。

### 4. 具体车型应用

宝马 7 系、5 系以及 X7、X5、X3 等车型目前都带有手势识别功能，可以识别 7 种预设手势（图 5-4）。

国内第一款配备手势识别功能的量产车型，是众泰旗下的君马 SEEK5（图 5-5），可以识别 9 种预设手势（另有一个小彩蛋：握拳手心向上打开，界面会出现玫瑰花）。

图 5-4　搭载手势识别功能的宝马系列　　图 5-5　搭载手势识别功能的君马 SEEK5

## 资讯小结

## 5.4 任务准备

### 1. 任务计划

（1）工具设备介绍

| 任务模块 | 设备工具 | 功能备注 |
| --- | --- | --- |
| 手势交互系统的拆装与调试 | L3 级智能网联教学车、智能座舱测试装调台架、摄像头及支架，摄像头信号线、测试装调通信线；工具及防护用品包括套装工具、角度尺、扭力扳手、常用工具、固定螺栓、安全帽、绝缘垫和工作手套等 | 在本任务中，教学车是手势交互系统的载体；测试装调台架用于手势交互系统的品质检测；摄像头信号线连接摄像头和计算平台，用于传输摄像头采集的信号；测试装调通信线连接计算平台和测试装调台架，用于两者之间的数据通信 |

（2）实操预演

第一步：通过链接，熟悉任务流程。

第二步：通过链接，观看手势交互系统的拆装。

### 2. 任务决策

通过对"实操预演"环节的视频学习，并经过分析与讨论后，列出完整的操作步骤。

| 步骤 | 子任务 1<br>手势交互系统的拆装 | 子任务 2<br>手势交互系统的调试 |
| --- | --- | --- |
| 1 | | |
| 2 | | |
| 3 | | |
| 4 | | |
| 5 | | |
| 6 | | |
| 7 | | |
| 8 | | |
| 9 | | |
| 10 | | |

## 5.5 任务实施

### 子任务 1 手势交互系统的拆装

（1）前期准备

**1**

安装前检查

戴好工作手套和安全帽,将摄像头、连接线和工具等摆放在绝缘垫上,并进行安装前检查

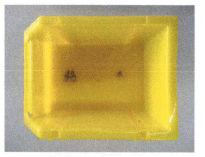

**2**

螺栓、工具检查

1) 外观结构完整,表面不应有破损、变形、裂痕、生锈等问题

2) 两颗内六角螺栓,螺栓螺纹无滑丝或变形,螺栓内六角无损坏或变形

3) 工具齐全,使用功能正常

| 根据实际情况在"□"位置上打"√" | |
| --- | --- |
| 表面有无破损 | 有 □ 无 □ |
| 表面有无变形 | 有 □ 无 □ |
| 表面有无生锈 | 有 □ 无 □ |
| 螺栓是否齐全 | 是 □ 否 □ |
| 螺纹有无滑丝或变形 | 有 □ 无 □ |
| 螺栓内六角有无损坏或变形 | 有 □ 无 □ |
| 工具是否齐全 | 是 □ 否 □ |
| 工具使用功能是否正常 | 是 □ 否 □ |

（续）

**3**

摄像头及支架外观检查

1）外观结构应整洁，表面不应有凹痕、划痕、裂缝、变形、飞边等问题
2）表面层不应起泡、皲裂、脱落
3）镜头不应有气泡、划痕、裂纹、污物等缺陷
4）金属件不应有锈蚀及其他机械损伤
5）连接针脚无损坏、变形或生锈

| 根据实际情况在"□"位置上打"√" | |
|---|---|
| 表面有无裂缝 | 有□ 无□ |
| 表面有无变形 | 有□ 无□ |
| 表面有无起泡 | 有□ 无□ |
| 镜头有无划痕 | 有□ 无□ |
| 镜头有无污物 | 有□ 无□ |
| 金属件有无锈蚀 | 有□ 无□ |
| 针脚有无损坏 | 有□ 无□ |
| 针脚有无生锈 | 有□ 无□ |

**4**

连接线外观检查

1）检查连接线是否齐全，摄像头信号线和测试装调通信线各一条
2）外观结构完整，表面不应有破损、变形、裂痕等问题
3）连接针脚无损坏、变形或生锈

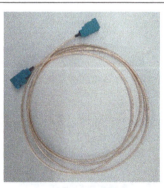
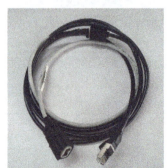

（续）

## 5
摄像头信号线导通性检测

1）将万用表打到电阻档，短接万用表两表笔，万用表应显示小于 1Ω

2）测量摄像头信号线两头的信号针脚 H1，阻值应该为 0.1~0.2Ω

3）测量摄像头信号线两头的接地针脚 H2，阻值应该为 0.1~0.2Ω

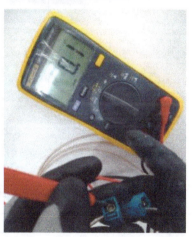

| 根据实际情况在"□"位置上打"√"或根据实际情况在"＿＿"上填上正确答案 | |
|---|---|
| 连接线是否齐全 | 是 □　否 □ |
| 表面有无破损 | 有 □　无 □ |
| 表面有无变形 | 有 □　无 □ |
| 表面有无裂痕 | 有 □　无 □ |
| 针脚有无损坏 | 有 □　无 □ |
| 针脚有无生锈 | 有 □　无 □ |
| 检查摄像头信号线导通性 | 万用表应该选择＿＿档 |
| | 摄像头信号线 H1 两端的电阻值为＿＿Ω |
| | 摄像头信号线 H2 两端的电阻值为＿＿Ω |
| 结论：摄像头信号线导通性是否正常 | 是 □　否 □ |

### （2）实操演练

| 实施步骤 | 标准/图示 | 操作要点 |
|---|---|---|
| 1 线路连接<br>1）直接用信号线连接摄像头和计算平台 MC-2 端口 | 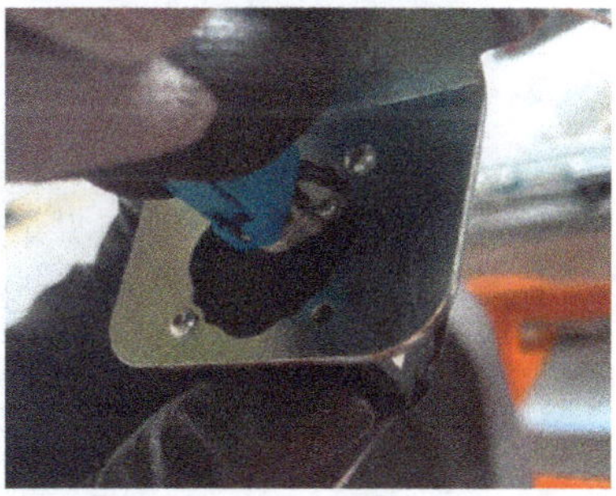 | 信号线是否正常 □<br><br>信号线两端口是否正常 □ |

143

（续）

| 实施步骤 | 标准/图示 | 操作要点 |
|---|---|---|
| 2）用通信线连接计算平台ETH-2端口和测试装调台架 | 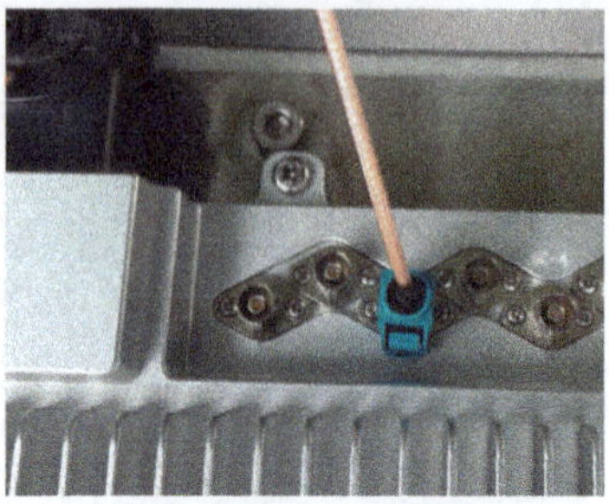 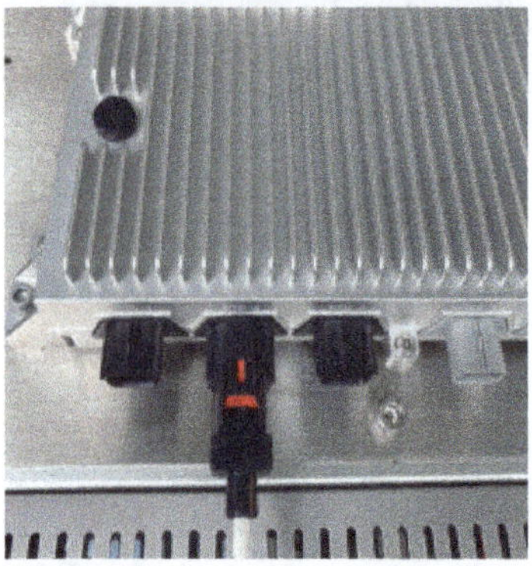  | 将摄像头信号线一端口连接摄像头，另一端口连接计算平台_____端口 |
| 2 起动教学车<br>1）踩住制动踏板，起动教学车，仪表"READY"灯能点亮，且档位处于"P"位<br>2）检查驻车制动指示灯是否已点亮，确保处于制动状态 | 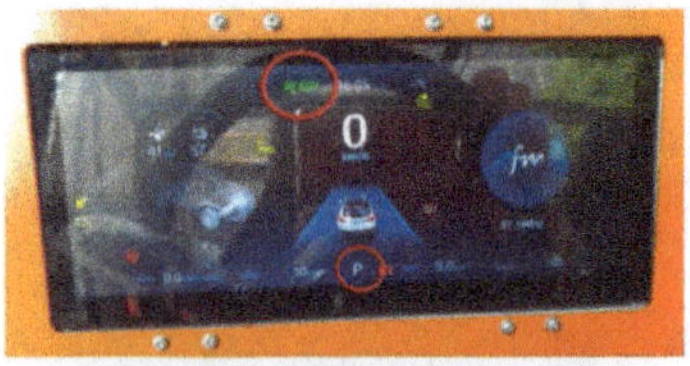  | 仪表"READY"灯是否能点亮 □<br><br>档位是否处于"P"位 □<br><br>驻车制动指示灯是否点亮 □ |

（续）

| 实施步骤 | 标准/图示 | 操作要点 |
|---|---|---|
| 3<br>摄像头功能检测<br>1）起动测试装调台架，并打开"智能座舱系统测试软件"<br>2）单击"镜头"按钮，查看摄像头是否正常工作（若显示界面为空白，说明摄像头或连接线可能存在品质问题）<br>3）检测完成后，关闭相关电源，最后拆除连接线 |  | |
| 4<br>关闭点火开关<br>确保车辆点火开关处于关闭状态，仪表处于熄屏状态 | | 点火开关是否关闭 □ |
| 5<br>断开蓄电池负极<br>用工具拆卸12V低压蓄电池负极线缆 | | 蓄电池负极是否断开 □ |

（续）

| 实施步骤 | 标准/图示 | 操作要点 |
|---|---|---|
| 💡 注意：断开蓄电池电源时，不能先拆卸蓄电池正极线缆。由于拆装工具是金属制成的，如果先卸下正极，则由于负极已连接到外壳，工具容易碰到外壳并使正极和外壳短路，这是非常危险的，轻者会造成蓄电池短路损坏，严重的话会引发汽车起火 | | |
| **6**<br>安装摄像头<br>1）使用套装工具中的H1.5工具，将摄像头安装到支架上并拧紧固定螺栓，拧紧力矩为3N·m<br>2）在驾驶员右上方安装摄像头，两边装上固定螺栓<br>3）使用角度尺调整摄像头角度，角度尺的一边紧贴台架端面，另一边紧贴摄像头支架端面，标准角度为50°±0.5°<br>4）使用套装工具中的H4工具、套筒扳手和扭力扳手，将螺栓拧紧，拧紧力矩为5N·m | <br><br><br> | 摄像头固定螺栓的拧紧力矩是____N·m<br><br>在_____位置安装摄像头<br><br>使用_____调整摄像头角度，标准角度为_____<br><br>摄像头支架固定螺栓的拧紧力矩是_____N·m |
| 💡 注意：角度尺的使用方法为按"ON"键开机，再按"ZERO"归零后，开始使用角度尺；使用完成后，长按"OFF"键关闭电源 | | |

（续）

| 实施步骤 | 标准/图示 | 操作要点 |
|---|---|---|
| **7** 检查摄像头信号线并与摄像头连接<br>1）检查摄像头信号线是否出现破损，两端接线口是否正常，针脚是否损坏、变形和锈蚀<br>2）将摄像头信号线的一端与摄像头连接，确认连接无误并听到锁扣锁紧声音 | <br> | |
| **8** 检查计算平台端口并与摄像头信号线连接<br>1）检查计算平台接线端口是否正常，针脚是否损坏、变形或锈蚀<br>2）将摄像头信号线另一端与计算平台 MC-2 端口连接，确认连接无误并听到锁扣锁止声音 | 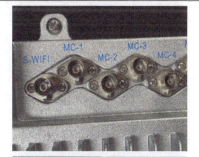<br> | |
| **9** 断开线束插头<br>1）断开与计算平台端连接的摄像头信号线插头<br>2）断开与摄像头端连接的摄像头信号线插头（断开方法同上） |  | 摄像头端的信号线插头是否断开 □<br><br>计算平台端的信号线插头是否断开 □ |

（续）

| 实施步骤 | 标准/图示 | 操作要点 |
|---|---|---|
| **10** 拆卸摄像头<br>1）工具准备：H1.5 和 H4 六角头螺栓套筒、套筒转接头、套筒扳手<br>2）使用 H4 套筒将两颗摄像头支架固定螺栓扭松<br>3）卸下固定螺栓，取下摄像头支架，并把摄像头支架与固定螺栓放置在干净清洁的工作台上<br>4）使用 H1.5 套筒将两颗摄像头固定螺栓扭松<br>5）卸下固定螺栓，取下摄像头，并把摄像头与固定螺栓放置在干净清洁的工作台上<br>6）手势交互系统的拆卸完毕 |   | 使用_____拆卸摄像头支架固定螺栓<br><br>使用_____拆卸摄像头固定螺栓 |
| **11** 摄像头及固定螺栓清洁<br>1）使用干净无纺布清洁摄像头插接口<br>2）使用干净无纺布清洁摄像头表面并把摄像头放置于清洁的工作台上<br>3）清洁螺栓盒<br>4）清洁摄像头固定螺栓并放置于螺栓盒内 | 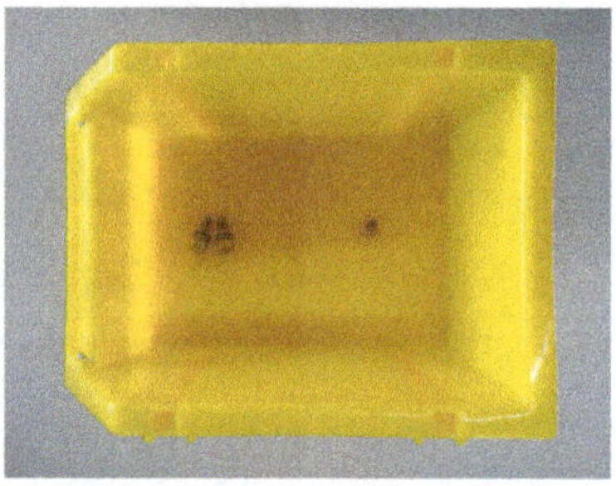 | 是否清洁使用过的螺栓 □<br><br>是否清洁固定螺栓并放回螺栓盒 □ |

（续）

| 实施步骤 | 标准/图示 | 操作要点 |
|---|---|---|
| **12**<br>整理线束<br>1）使用干净无纺布分别清洁摄像头信号线与测试装调通信线两端插接口<br>2）清洁摄像头信号线与测试装调通信线线束表面<br>3）捆绑好摄像头信号线、测试装调通信线和智能座舱测试装调台架电源线并放置于清洁的工作台上 | 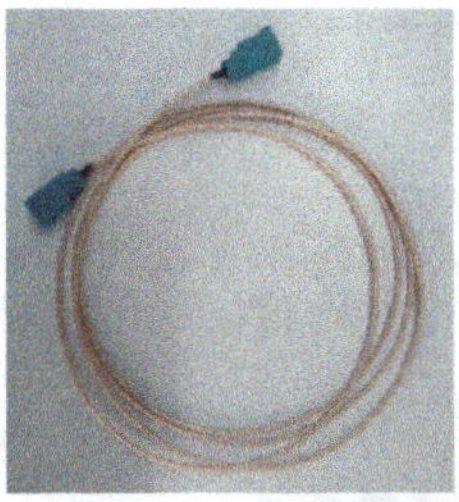   | 是否清洁摄像头信号线及两端口 □<br><br>是否清洁测试装调通信线及两端口 □ |
| **13**<br>清洁工具并整理<br>1）使用干净无纺布分别清洁使用过的拆卸装调工具<br>2）将工具归位到工具盒内 | 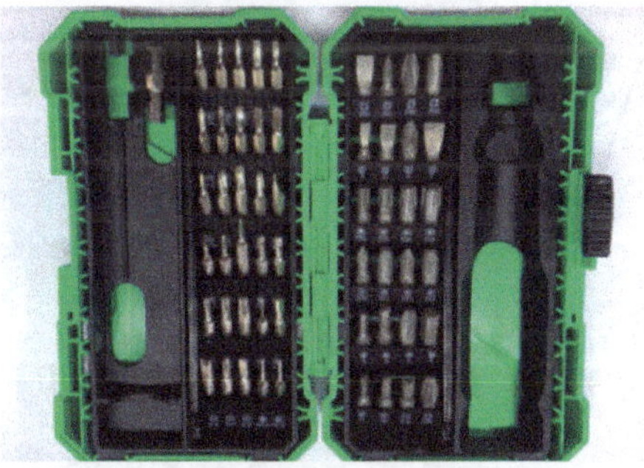 | 工具及螺栓是否有丢失情况 □ |
| **14**<br>清洁车辆、台架和实训工作台<br>1）使用干净无纺布清洁实训车上接触过的区域<br>2）使用干净无纺布清洁智能座舱测试装调台架<br>3）清洁工作台，并叠好无纺布放置于合适位置<br>4）清洁整理流程完毕，卸下安全防护用品并整理放好后离开实训区域 |  | 是否清洁实训车上触碰过的区域 □<br><br>是否清洁智能座舱测试装调台架触碰过的区域 □<br><br>是否清洁工作台 □<br><br>是否卸下并整理好安全防护工具 □ |

149

### 子任务 2  手势交互系统的调试

（1）前期准备

**1**

检查摄像头信号线并与摄像头连接

1）检查摄像头信号线是否出现破损，两端接线口是否正常，针脚是否损坏、变形和锈蚀

2）将摄像头信号线的一端与摄像头连接，确认连接无误并听到锁扣锁紧声音

**2**

检查计算平台端口并与摄像头信号线连接

1）检查计算平台接线端口是否正常，针脚是否损坏、变形或锈蚀

2）将摄像头信号线另一端与计算平台 MC-2 端口连接，确认连接无误并听到锁扣锁紧声音

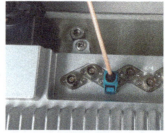

**3**

测试装调通信线连接

1）检查测试装调通信线（与计算平台连接端口）接线口是否正常，针脚是否损坏、变形或锈蚀

2）检查计算平台 ETH-2 端接线口是否正常

3）正确连接测试装调通信线。

4）检查测试装调通信线接线端口（与智能座舱测试装调台架连接端口）是否正常，针脚是否损坏、变形或锈蚀

5）检查智能座舱测试装调台架连接端口是否正常，并正确连接

6）手势交互系统的线路连接完毕

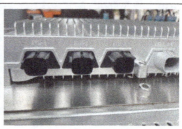

（2）实操演练

| 实施步骤 | 标准/图示 | 操作要点 |
|---|---|---|
| **1**<br>打开测试软件<br>1）连接12V蓄电池负极<br>2）踩下制动踏板，按下起动开关，起动车辆，仪表屏出现"READY"状态<br>3）检查台架电源插口、电源线和电源线插头是否正常<br>4）接上台架电源线并按下台架电源开关，打开计算机<br>5）打开"智能座舱系统测试软件" |  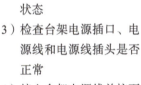 | 检查台架电源插口、电源线和电源线插头是否正常 □<br><br>智能座舱系统测试软件是否正常打开 □ |

（续）

| 实施步骤 | 标准/图示 | 操作要点 |
|---|---|---|
| **2**<br>测试摄像头功能<br>1）单击"镜头"按钮，查看是否读取摄像头状态（若显示界面为空白，说明未连上摄像头，应检查线束连接是否正常，计算平台是否给出数据）<br>2）单击"开始录像"按钮录像，检查摄像头画面是否实时工作，有无异常情况（再次单击该按钮停止录像，如需重新回到录制界面，可单击视频右下角的"摄像机"按钮）<br>3）在"已保存录像"选择最后一个视频，单击视频播放（最后一个为最新录制视频）<br>4）观看视频未发现问题，则说明摄像头功能正常<br>5）手势交互系统的调试完毕 | <br><br> | 单击"镜头"按钮，查看是否读取摄像头状态 □<br><br>单击"开始录像"按钮录像，检查摄像头画面是否实时工作 □<br><br>在"已保存录像"选择最后一个视频，单击视频播放，查看是否能正常播放 □ |
| **3**<br>关闭台架<br>1）关闭测试软件<br>2）关闭智能座舱测试装调台架上的计算机<br>3）关闭智能座舱测试装调台架电源开关并拔出电源线 |   | |

152

（续）

| 实施步骤 | 标准/图示 | 操作要点 |
|---|---|---|
| 4<br>关闭车辆<br>1）按下车辆起动/关闭按钮，关闭车辆<br>2）使用10mm套筒拆卸12V蓄电池负极固定螺栓并断开负极线束 |  | |
| 5<br>清洁摄像头及整理线束<br>1）使用干净无纺布分别清洁摄像头信号线与测试装调通信线两端插接口<br>2）清洁摄像头信号线与测试装调通信线线束表面<br>3）捆绑好摄像头信号线、测试装调通信线和智能座舱测试装调台架电源线并放置于清洁的工作台上 |  <br> | 是否清洁摄像头表面 □<br><br>是否清洁摄像头插接口 □<br><br>是否清洁摄像头支架 □<br><br>是否清洁摄像头信号线及两端口 □<br><br>是否清洁测试装调通信线及两端口 □ |
| 6<br>清洁工具并整理<br>1）使用干净无纺布分别清洁使用过的调试工具<br>2）将工具归位到工具盒内 |  | 工具及螺栓是否有丢失情况 □ |

153

（续）

| 实施步骤 | 标准/图示 | 操作要点 |
|---|---|---|
| 7<br>清洁车辆、台架和实训工作台<br>1）使用干净无纺布清洁实训车上接触过的区域<br>2）使用干净无纺布清洁智能座舱测试装调台架<br>3）清洁工作台，并叠好无纺布放置于合适位置<br>4）清洁整理流程完毕，卸下安全防护用品并整理放好后离开实训区域 |  | 是否清洁实训车上触碰过的区域 □<br><br>是否清洁智能座舱测试装调台架触碰过的区域 □<br><br>是否清洁工作台 □<br><br>是否卸下并整理好安全防护工具 □ |

## 5.6 任务评价与小结

### 1. 任务评价

见附录 H 和附录 I。

### 2. 任务小结

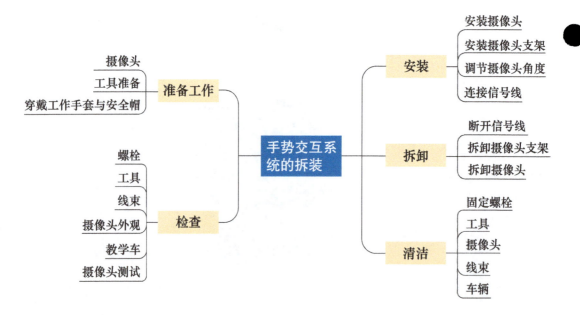

# 学习任务 5　手势交互系统的拆装与调试

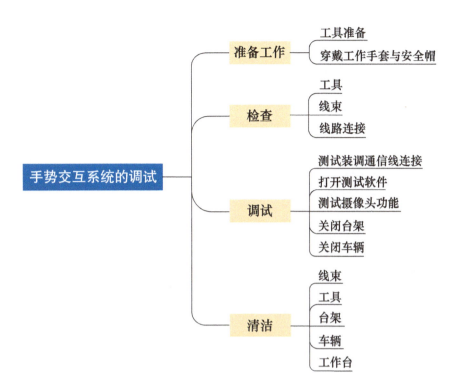

# 附录
# 评价标准

## 附录 A　语音交互系统拆装与调试评分标准

考生姓名：_____　　考生准考证号：_____　　比赛用时：_____ min

| 序号 | 作业内容 | 配分 | 作业项目 | 分值 | 扣分 | 备注 |
|---|---|---|---|---|---|---|
| 1 | 安全准备 | 10 | ☐ 规范着装入场（着装整洁、穿工作鞋、不戴首饰、挽起长发等） | 2 | | 如不符合标准，则由现场考评员（裁判）提醒并扣分；如不齐全或不满足使用要求，则由考生报告现场考评员补齐或更换，仍需检查 |
| | | | ☐ 正确设置安全围挡，放置安全警示牌 | 2 | | |
| | | | 检查工具仪器是否齐全<br>☐ 万用表<br>☐ 直流电源<br>☐ RJ45 接口<br>☐ CAT.5 网线<br>☐ 工具及防护包 | 2 | | |
| | | | 检查零部件是否齐全（包括螺栓）<br>☐ 传声器<br>☐ 扬声器<br>☐ 固定螺栓 | 2 | | |
| | | | ☐ 戴好工作手套和安全帽<br>☐ 摆放绝缘垫 | 2 | | |
| 2 | 检查确认教学车状态 | 6 | ☐ 检查确认教学车充电口电源已安全断开 | 2 | | 如未操作，则由现场考评员提醒并扣除对应项目分值 |
| | | | ☐ 检查确认车辆起停开关置于 OFF 状态 | 2 | | |
| | | | ☐ 检查确认低压 12V 蓄电池负极端子已安全断开 | 2 | | |

157

（续）

| 序号 | 作业内容 | 配分 | 作业项目 | 分值 | 扣分 | 备注 |
|---|---|---|---|---|---|---|
| 3 | 扬声器品质检测 | 6 | □ 外观检查，表面不应有破损、变形、裂痕、生锈等问题 | 1 | | 如未操作，则每项扣1~2分，最多扣6分 |
| | | | □ 检查螺栓孔，应无滑丝或变形 | 1 | | |
| | | | □ 使用万用表检测扬声器电阻值，判断其是否正常 | 2 | | |
| | | | □ 使用直流电源检测扬声器功能是否正常 | 2 | | |
| 4 | 教学车检查 | 6 | □ 检查仪表"READY"灯点亮情况 | 2 | | 如未操作，则每项扣2分，最多扣6分 |
| | | | □ 档位是处于"P"位 | 2 | | |
| | | | □ 检查驻车制动指示灯点亮情况 | 2 | | |
| 5 | 关闭点火开关并断开蓄电池负极 | 6 | □ 检查确保车辆点火开关处于关闭状态 | 2 | | 如未操作，则现场考评员提醒并扣除对应项目分值 |
| | | | □ 检查仪表处于熄屏状态 | 2 | | |
| | | | □ 断开低压12V蓄电池负极端子 | 2 | | |
| 6 | 安装传声器 | 10 | □ 检查传声器外观是否完整 | 2 | | 如未操作，则每项扣2分；工具或螺栓落地一次扣1分，最多扣10分 |
| | | | □ 检查针脚有无损坏、变形或生锈等缺陷 | 2 | | |
| | | | □ 使用内六角套筒工具安装4颗传声器固定螺栓 | 4 | | |
| | | | □ 检查线束插头，连接传声器线束 | 2 | | |
| 7 | 安装扬声器 | 5 | □ 使用内六角套筒工具安装3颗扬声器固定螺栓 | 3 | | 工具或接口落地一次扣1分，最多扣5分 |
| | | | □ 连接扬声器线束 | 2 | | |
| 8 | 教学车检查 | 8 | □ 连接12V蓄电池负极线并拧紧固定螺母 | 2 | | 如未操作，则每项扣2分，最多扣8分 |
| | | | □ 检查仪表"READY"灯点亮情况 | 2 | | |
| | | | □ 档位是处于"P"位 | 2 | | |
| | | | □ 检查驻车制动指示灯点亮情况 | 2 | | |
| 9 | 运行语音助手App | 8 | □ 尝试使用语音指令，检查传声器拾音情况是否正常 | 4 | | 如未操作，则每项扣4分，最多扣8分 |
| | | | □ 收听语音助手的音频反馈，检查扬声器的发音情况是否正常 | 4 | | |

（续）

| 序号 | 作业内容 | 配分 | 作业项目 | 分值 | 扣分 | 备注 |
|---|---|---|---|---|---|---|
| 10 | 关闭车辆 | 3 | ☐ 按下车辆起动/关闭按钮，关闭车辆 | 1 | | 如未操作，则每项扣1~2分，最多扣3分 |
| | | | ☐ 使用10mm套筒拆卸12V蓄电池负极固定螺母并断开负极线束 | 2 | | |
| 11 | 拆卸传声器 | 6 | ☐ 断开连接线束 | 2 | | 如未操作，则每项扣2~4分，最多扣6分 |
| | | | ☐ 使用内六角套筒工具拆卸4颗传声器固定螺栓，并放置于螺栓盒内 | 4 | | |
| 12 | 拆卸扬声器 | 6 | ☐ 拔出扬声器线束接线口 | 2 | | 如未操作，则每项扣2~4分，最多扣6分 |
| | | | ☐ 用工具拆卸扬声器支架螺栓，取出扬声器 | 4 | | |
| 13 | 清洁车辆、台架和实训工作台 | 10 | ☐ 清洁扬声器和传声器 | 2 | | 如未操作，则每项扣1~2分，最多扣10分 |
| | | | ☐ 清洁螺栓盒 | 1 | | |
| | | | ☐ 清洁固定螺栓并放置于螺栓盒内 | 1 | | |
| | | | ☐ 将工具归位到工具盒内 | 1 | | |
| | | | ☐ 清洁使用过的拆卸装调工具 | 1 | | |
| | | | ☐ 检查工具及螺栓丢失情况 | 1 | | |
| | | | ☐ 清洁实训车上触碰过的区域 | 1 | | |
| | | | ☐ 清洁工作台 | 1 | | |
| | | | ☐ 卸下并整理好安全防护工具 | 1 | | |
| 14 | 恢复场地 | 10 | ☐ 整理恢复场地，做好6S管理（整理、整顿、清扫、清洁、素养、安全） | 10 | | 如未操作，则每项扣2分，最多扣10分 |
| | 合　计 | | | 100 | | |

备注：工具使用的正确优先顺序为套筒→梅花扳手→呆扳手→活扳手。

考核成绩：_____　　裁判签字：_____

## 附录 B  触控交互系统拆装评分标准

考生姓名：_____　　　考生准考证号：_____　　　比赛用时：_____ min

| 序号 | 作业内容 | 配分 | 作业项目 | 分值 | 扣分 | 备注 |
|---|---|---|---|---|---|---|
| 1 | 安全准备 | 12 | □ 规范着装入场（着装整洁、穿工作鞋、不戴首饰、挽起长发等） | 2 | | 如不符合标准，则由现场考评员（裁判）提醒并扣分 |
| | | | □ 正确设置安全围挡，放置安全警示牌 | 2 | | 如未操作，则每项扣1分，最多扣2分 |
| | | | 检查工具仪器是否齐全<br>□ 拆装工具<br>□ 中控屏<br>□ 万用表<br>□ 通信网线 | 4 | | 如不齐全或不满足使用要求，则由考生报告现场考评员补齐或更换，仍需检查 |
| | | | 检查零部件是否齐全与完好（包括螺栓）<br>□ 中控屏外观完整，无脏污、破损、划痕、裂纹、凹痕和凸点，后端针脚无损坏、变形或生锈等缺陷 | 2 | | |
| | | | □ RJ45接口CAT.5网线外观检查（连接针脚无损坏、变形或生锈） | 2 | | |
| 2 | 检查确认车辆状态 | 6 | □ 连接12V蓄电池负极线并拧紧固定螺母 | 2 | | 如未操作，则由现场考评员提醒并扣除对应项目分值 |
| | | | □ 踩住制动踏板，起动教学车，仪表"READY"灯能点亮，且档位处于"P"位 | 2 | | |
| | | | □ 检查驻车制动指示灯是否已点亮，确保处于制动状态 | 2 | | |
| 3 | 检查中控屏线束接口并连接 | 24 | □ 检查中控屏电源及信号线束外观，应完整，无破损、划痕、烧焦，检查接线口是否正常（针脚无损坏、变形或锈蚀） | 4 | | 如未操作，则每项扣1分，最多扣2分 |
| | | | □ 使用万用表直流电压档，分别测量针脚1、2、5、6的供电电压是否正常 | 4 | | |
| | | | □ 把中控屏摆放在车上，将中控屏电源及信号接线口连接，并确认连接无误 | 6 | | 万用表或接线未按规范操作，每项扣1分，最多扣4分 |
| | | | □ 检查中控屏视频线束外观应完整，无破损、划痕、烧焦，检查接线口是否正常 | 4 | | |
| | | | □ 将中控屏视频线接线口连接，并确认连接无误（听到锁扣锁止声音） | 6 | | |

（续）

| 序号 | 作业内容 | 配分 | 作业项目 | 分值 | 扣分 | 备注 |
|---|---|---|---|---|---|---|
| 4 | 中控屏功能品质检测 | 14 | □ 踩住制动踏板，起动车辆 | 2 | | 单击中控屏时，需使用触控笔，作业过程中不允许拆除工作手套 |
| | | | □ 使用触控笔将中控屏的亮度调到最暗和最亮，观察屏幕有无坏点 | 4 | | |
| | | | □ 使用触控笔单击中控屏各个触控按钮，测试触控功能是否正常 | 4 | | |
| | | | □ 观察中控屏显示是否正常 | 4 | | |
| 5 | 拆卸中控屏 | 22 | □ 关闭车辆起停开关（置于 OFF 状态） | 2 | | 套筒工具需与螺母垂直，防止损伤螺母 |
| | | | □ 断开低压 12V 蓄电池负极端子 | 2 | | |
| | | | □ 用工具拆卸背板 4 颗螺栓，并取出背板 | 2 | | |
| | | | □ 拔出中控屏线束接线口。拔出中控屏线束接线口时，注意按压住锁扣并捏住端口拔出，严禁拉拔导线 | 8 | | |
| | | | □ 用工具拆卸中控屏支架螺栓，取出支架和中控屏，并摆放在工作台上 | 2 | | |
| | | | □ 使用干净无纺布清洁中控屏、支架和背板 | 2 | | |
| | | | □ 清洁螺栓盒 | 2 | | |
| | | | □ 清洁固定螺栓并放置于螺栓盒内 | 2 | | |
| 6 | 安装中控屏及背板 | 12 | □ 先用支架固定中控屏 | 4 | | 如未操作，则每项扣 2 分，最多扣 4 分 |
| | | | □ 分别安装 4 颗支架固定螺栓，拧紧力矩为 5N·m | 4 | | 工具或螺栓落地一次扣 1 分，中控屏落地一次扣 10 分，最多扣 12 分 |
| | | | □ 固定好中控屏背板 | 2 | | |
| | | | □ 安装背板 4 颗固定螺栓，并按标准力矩拧紧（10 N·m） | 2 | | |
| 7 | 恢复场地 | 10 | □ 整理恢复场地，做好 6S 管理（整理、整顿、清扫、清洁、素养、安全） | 10 | | 如未操作，则每项扣 2 分，最多扣 10 分 |
| | | | 合　计 | 100 | | |

备注：工具使用的正确优先顺序为套筒→梅花扳手→呆扳手→活扳手。

考核成绩：＿＿＿＿＿＿＿　　　裁判签字：＿＿＿＿＿＿＿

# 附录 C  触控交互系统调试评分标准

考生姓名：_____　　考生准考证号：_____　　比赛用时：_____ min

| 序号 | 作业内容 | 配分 | 作业项目 | 分值 | 扣分 | 备注 |
|---|---|---|---|---|---|---|
| 1 | 安全准备 | 11 | □ 规范着装入场（着装整洁、穿工作鞋、不戴首饰、挽起长发等） | 2 | | 如不符合标准，则由现场考评员（裁判）提醒并扣分 |
| | | | □ 正确设置安全围挡，放置安全警示牌 | 2 | | 如未操作，则每项扣1分，最多扣2分 |
| | | | 检查工具仪器是否齐全<br>□ 拆装工具　□ 万用表　□ 通信网线 | 2 | | 如不齐全或不满足使用要求，则由考生报告现场考评员补齐或更换，仍需检查 |
| | | | □ 检查工具是否齐全与完好（包括螺栓）<br>□ 外观结构完整，表面不应有破损、变形、裂痕、生锈等问题 | 3 | | |
| | | | □ 网线检查（外观结构完整，连接针脚无损坏、变形或生锈） | 2 | | |
| 2 | 检查计算平台并连接 | 5 | □ 检查计算平台 ETH-2 端接线口是否正常 | 3 | | 如未操作，则由现场考评员提醒并扣除对应项目分值 |
| | | | □ 正确连接网线 | 2 | | |
| 3 | 检查智能座舱系统测试装调台架并连接 | 10 | □ 检查台架车轮是否锁止 | 2 | | |
| | | | □ 检查台架电源插口、电源线和电源线插头是否正常 | 2 | | |
| | | | □ 检查智能座舱系统测试装调台架 RJ45 接线口是否正常 | 2 | | |
| | | | □ 正确连接网线 | 2 | | |
| | | | □ 接上台架电源线并按下台架电源开关 | 2 | | |
| 4 | 运行 EIS AONCAR 软件和测试软件 | 18 | □ 连接 12V 蓄电池负极线并拧紧固定螺母 | 2 | | |
| | | | □ 踩下制动踏板，按下起动开关，起动车辆（仪表屏出现"READY"状态） | 2 | | |
| | | | □ 下滑中控屏，确认已经连接上"xavier_uAP"热点 | 4 | | |
| | | | □ 回到中控屏桌面，左滑界面找到 EISAONCAR 软件的图标，并单击使其运行 | 4 | | |
| | | | □ 打开智能座舱系统测试装调台架上的一体机电源 | 2 | | |
| | | | □ 台架起动成功后，在一体机桌面找到"智能座舱系统测试软件"快捷方式并双击运行 | 4 | | |

（续）

| 序号 | 作业内容 | 配分 | 作业项目 | 分值 | 扣分 | 备注 |
|---|---|---|---|---|---|---|
| 5 | 调试触控交互系统 | 38 | □ 单击导航区中的"中控"按钮，跳转到中控屏测试界面 | 4 | | 单击中控屏时，需使用触控笔，作业过程中不允许拆除工作手套<br><br>每单击一次，在测试软件上就会显示对应的坐标数据：<br>偏移量不超过±30时，说明屏幕触控功能正常，此时偏移数据显示绿色；偏移量超过±30时，说明屏幕触控功能异常，此时偏移数据则显示红色 |
| | | | □ 查看界面是否正常，若显示界面为空白，说明未连接成功，应检查线束连接是否正常，计算平台是否正确传输数据 | 4 | | |
| | | | □ 选择测试模式为"偏移测试"，单击"开始测试" | 4 | | |
| | | | □ 开始测试后，教学车上的中控屏进入测试状态，显示一个白色矩形，使用触控笔准确单击白色矩形<br>在中控屏单击后，测试软件上会显示刚刚单击的坐标数据。坐标数据包括目标坐标、点击坐标、偏移量 | 10 | | |
| | | | □ 在中控屏上的不同位置将依次显示10个白色矩形，依次在中控屏上单击10次白色矩形 | 10 | | |
| | | | □ 单击10次完成后，中控屏恢复到软件界面初始状态 | 2 | | |
| | | | □ 如需重新测试，单击"重新测试"按钮即可 | 2 | | |
| | | | □ 记录测试数据 | 2 | | |
| 6 | 关闭车辆与台架 | 8 | □ 确保车辆点火开关处于关闭状态，仪表处于熄屏状态 | 2 | | 如未操作，则每项扣2分，最多扣4分 |
| | | | □ 使用10mm套筒拆卸12V蓄电池负极固定螺母并断开负极线缆 | 2 | | |
| | | | □ 关闭测试软件 | 2 | | |
| | | | □ 关闭智能座舱测试装调台架上的计算机，关闭台架电源开关并拔出电源线 | 2 | | |
| 7 | 恢复场地 | 10 | □ 整理恢复场地，做好6S管理（整理、整顿、清扫、清洁、素养、安全） | 10 | | 如未操作，则每项扣2分，最多扣10分 |
| | | | 合　　计 | | 100 | |

备注：工具使用的正确优先顺序为套筒→梅花扳手→呆扳手→活扳手。

考核成绩：_____　　裁判签字：_____

# 附录 D  智能座椅系统拆装评分标准

考生姓名：_____　　考生准考证号：_____　　比赛用时：_____ min

| 序号 | 作业内容 | 配分 | 作业项目 | 分值 | 扣分 | 备注 |
|---|---|---|---|---|---|---|
| 1 | 安全准备 | 10 | ☐ 规范着装入场（着装整洁、穿工作鞋、不戴首饰、挽起长发等） | 2 | | 如不符合标准，则由现场考评员（裁判）提醒并扣分；如不齐全或不满足使用要求，则由考生报告现场考评员补齐或更换，仍需检查 |
| | | | ☐ 正确设置安全围挡，放置安全警示牌 | 2 | | |
| | | | 检查工具仪器是否齐全<br>☐ 万用表　☐ 直流电源　☐ RJ45 接口<br>☐ CAT.5 网线　☐ 工具及防护包 | 2 | | |
| | | | 检查零部件是否齐全（包括螺栓）<br>☐ 座椅系统外观<br>☐ 4 颗座椅固定螺栓 | 2 | | |
| | | | ☐ 戴好工作手套和安全帽<br>☐ 摆放绝缘垫 | 2 | | |
| 2 | 检查确认教学车状态 | 6 | ☐ 检查确认教学车充电口电源已安全断开 | 2 | | 如未操作，则由现场考评员提醒并扣除对应项目分值 |
| | | | ☐ 检查确认车辆起停开关置于 OFF 状态 | 2 | | |
| | | | ☐ 检查确认低压 12V 蓄电池负极端子已安全断开 | 2 | | |
| 3 | 智能座椅通电动作测试 | 7 | ☐ 电压调到 12V 左右，电流调到 5A 左右 | 2 | | 如未操作，则每项扣 1~2 分，最多扣 7 分 |
| | | | ☐ 调节座椅位置时，每次按压开关持续时间不要超过 5s | 2 | | |
| | | | ☐ 关闭直流电源后拆除连接线 | 1 | | |
| | | | ☐ 正常调节测试座椅靠背角度 | 1 | | |
| | | | ☐ 正常调节测试座椅前后向 | 1 | | |
| 4 | 教学车检查 | 6 | ☐ 检查仪表"READY"灯点亮情况 | 2 | | 如未操作，则每项扣 2 分，最多扣 6 分 |
| | | | ☐ 档位是否处于"P"位 | 2 | | |
| | | | ☐ 检查驻车制动指示灯点亮情况 | 2 | | |
| 5 | 关闭点火开关并断开蓄电池负极 | 6 | ☐ 检查确保车辆点火开关处于关闭状态 | 2 | | 如未操作，则由现场考评员提醒并扣除对应项目分值 |
| | | | ☐ 检查仪表处于熄屏状态 | 2 | | |
| | | | ☐ 断开低压 12V 蓄电池负极端子 | 2 | | |
| 6 | 安装智能座椅 | 10 | ☐ 将座椅调节至最后的位置 | 2 | | 如未操作，则每项扣 2 分；工具或螺栓落地一次扣 1 分，最多扣 10 分 |
| | | | ☐ 先安装前面的两颗固定螺栓 | 2 | | |
| | | | ☐ 将 4 颗固定螺栓拧紧到标准力矩 | 4 | | |
| | | | ☐ 最后拆除直流电源 | 2 | | |
| 7 | 检查智能座椅系统供电线接线口并连接 | 10 | ☐ 关闭车辆，检查智能座椅供电接线端 | 2 | | 工具或接口落地一次扣 1 分，最多扣 10 分 |
| | | | ☐ 使用万用表检测智能座椅供电线 | 4 | | |
| | | | ☐ 松开低压蓄电池负极螺栓并断开负极接线 | 2 | | |
| | | | ☐ 确认供电接线端口连接无误（听到锁扣锁止声音） | 2 | | |

（续）

| 序号 | 作业内容 | 配分 | 作业项目 | 分值 | 扣分 | 备注 |
|---|---|---|---|---|---|---|
| 8 | 检查智能座椅系统控制信号线接线口并连接 | 8 | □ 检查智能座椅控制信号线接线口 | 4 | | 如未操作，则每项扣4分，最多扣8分 |
| | | | □ 确认计算平台端智能座椅控制信号线接线口连接无误（听到锁扣锁止声音） | 4 | | |
| 9 | 拆卸智能座椅 | 10 | □ 将座椅调节至最前的位置<br>□ 先拆卸后面的两颗固定螺栓 | 2 | | 工具或螺栓落地一次扣1分，传感器落地一次扣5分，最多扣10分 |
| | | | 拆卸线束插头前需要<br>□ 关闭点火开关<br>□ 断开低压蓄电池负极 | 2 | | |
| | | | □ 断开智能座椅的信号线插头 | 2 | | |
| | | | □ 断开智能座椅供电线插头 | 2 | | |
| | | | □ 拆卸下来的工具及零部件放回原位 | 2 | | |
| 10 | 线束插头及固定螺栓清洁 | 6 | □ 清洁智能座椅供电线<br>□ 清洁信号线插接口 | 2 | | 如未操作，则每项扣1分，最多扣6分 |
| | | | □ 清洁座椅 | 1 | | |
| | | | □ 清洁螺栓盒 | 1 | | |
| | | | □ 清洁智能座椅固定螺栓 | 1 | | |
| | | | □ 螺栓放置于螺栓盒内 | 1 | | |
| 11 | 清洁车辆、台架和实训工作台 | 11 | □ 清洁智能座椅表面<br>□ 清洁智能座椅线束插接口 | 2 | | 如未操作，则每项扣1分，最多扣11分 |
| | | | □ 清洁智能座椅轨道 | 1 | | |
| | | | □ 清洁螺栓盒 | 1 | | |
| | | | □ 清洁智能座椅信号线端口 | 1 | | |
| | | | □ 清洁使用过的螺栓 | 1 | | |
| | | | □ 清洁固定螺栓并放回螺栓盒 | 1 | | |
| | | | □ 检查工具及螺栓丢失情况 | 1 | | |
| | | | □ 清洁实训车上触碰过的区域 | 1 | | |
| | | | □ 清洁工作台 | 1 | | |
| | | | □ 卸下并整理好安全防护工具 | 1 | | |
| 12 | 恢复场地 | 10 | □ 整理恢复场地，做好6S管理（整理、整顿、清扫、清洁、素养、安全） | 10 | | 如未操作，则每项扣2分，最多扣10分 |
| | | | 合　计 | 100 | | |

备注：工具使用的正确优先顺序为套筒→梅花扳手→呆扳手→活扳手。

考核成绩：_____　　裁判签字：_____

## 附录 E　智能座椅系统调试评分标准

考生姓名：_____　　　考生准考证号：_____　　　比赛用时：_____ min

| 序号 | 作业内容 | 配分 | 作业项目 | 分值 | 扣分 | 备注 |
|---|---|---|---|---|---|---|
| 1 | 安全准备 | 14 | □ 规范着装入场（着装整洁、穿工作鞋、不戴首饰、挽起长发等） | 2 | | 如不符合标准，则由现场考评员（裁判）提醒并扣分 |
| | | | □ 正确设置安全围挡，放置安全警示牌 | 2 | | 如未操作，则每项扣1分，最多扣2分 |
| | | | 检查工具仪器是否齐全<br>□ 万用表　□ 直流电源<br>□ RJ45 接口 CAT.5 网线 | 2 | | 如不齐全或不满足使用要求，则由考生报告现场考评员补齐或更换，仍需检查 |
| | | | RJ45 接口 CAT.5 网线外观检查<br>□ 检查针脚<br>□ 检查表面 | 2 | | |
| | | | 检查智能座舱系统测试装调台架并连接<br>□ 检查台架车轮锁止状况<br>□ 检查台架电源插口、电源线和电源线插头 | 2 | | |
| | | | 检查计算平台并连接<br>□ 检查平台 ETH-2 端接线口<br>□ 正确连接 | 2 | | |
| | | | □ 戴好工作手套和安全帽<br>□ 摆放绝缘垫 | 2 | | |
| 2 | 检查确认教学车状态 | 6 | □ 检查确认教学车充电口电源已安全断开 | 2 | | 如未操作，则由现场考评员提醒并扣除对应项目分值 |
| | | | □ 检查确认车辆起停开关置于 OFF 状态 | 2 | | |
| | | | □ 检查确认低压 12V 蓄电池负极端子已安全断开 | 2 | | |
| 3 | RJ45 接口 CAT.5 网线连接 | 11 | □ 检查计算平台 ETH-2 端接线口并连接 RJ45 接口 CAT.5 网线情况 | 3 | | 如未操作，则每项扣 2~3 分，最多扣 11 分 |
| | | | □ 检查 RJ45 接口 CAT.5 网线接线端口（与智能座舱测试装调台架连接端口） | 3 | | |
| | | | □ 检查智能座舱测试装调台架连接端口并正确连接 | 3 | | |
| | | | □ 接上台架电源线后再按下台架电源开关 | 2 | | |
| 4 | 起动教学车 | 4 | □ 按下起动开关，检查仪表"READY"灯点亮情况 | 2 | | 如未操作，则由现场考评员提醒并扣除对应项目分值 |
| | | | □ 连接 12V 蓄电池负极线并拧紧固定螺母 | 2 | | |

（续）

| 序号 | 作业内容 | 配分 | 作业项目 | 分值 | 扣分 | 备注 |
|---|---|---|---|---|---|---|
| 5 | 运行测试软件 | 5 | ☐ 正确打开智能座舱系统测试装调台架上的一体机电源 | 2 | | 如未操作，则由现场考评员提醒并扣除对应项目分值 |
| | | | ☐ 正确找到"智能座舱系统测试软件"快捷方式并双击运行 | 3 | | |
| 6 | 测试智能座椅功能 | 12 | ☐ 正确使用软件检查线束连接情况，计算平台是否给出数据 | 4 | | 如未操作，则每项扣2分，最多扣12分 |
| | | | ☐ 正确使用软件检查计算平台数据情况 | 4 | | |
| | | | 检查智能座椅实时工作情况<br>☐ 前进　☐ 后退　☐ 向上　☐ 向下 | 4 | | |
| 7 | 关闭车辆并断电 | 6 | ☐ 确保车辆点火开关处于关闭状态 | 2 | | 如未操作，则每项扣2分，最多扣6分 |
| | | | ☐ 检查仪表处于熄屏状态 | 2 | | |
| | | | ☐ 松开低压蓄电池负极螺栓并断开负极接线 | 2 | | |
| 8 | 关闭台架 | 6 | ☐ 关闭测试软件 | 2 | | 如未操作，则每项扣2分，最多扣6分 |
| | | | ☐ 关闭台架上的计算机 | 2 | | |
| | | | ☐ 关闭台架电源开关并拔出电源线 | 2 | | |
| 9 | 清洁整理线束 | 10 | ☐ 清洁 RJ45 接口 CAT.5 网线两端插接口 | 2 | | 如未操作，则每项扣2分，最多扣4分；工具或插口落地一次扣1分，最多扣10分 |
| | | | ☐ 清洁台架电源线插头、插口 | 2 | | |
| | | | ☐ 清洁 RJ45 接口 CAT.5 网线与智能座舱测试装调台架电源线线束表面 | 2 | | |
| | | | ☐ 捆绑好智能座椅 RJ45 接口 CAT.5 网线 | 2 | | |
| | | | ☐ 清洁电源线并放置于清洁的工作台上 | 2 | | |
| 10 | 清洁工具并整理 | 4 | ☐ 清洁使用过的拆卸装调工具 | 2 | | 如未操作，则每项扣2分，最多扣4分；工具落地一次扣1分，最多扣4分 |
| | | | ☐ 将工具归位到工具盒内 | 2 | | |
| 11 | 清洁车辆、台架和实训工作台 | 12 | ☐ 清洁智能座椅表面 | 2 | | 如未操作，则每项扣2分，最多扣4分；工具落地一次扣1分，最多扣12分 |
| | | | ☐ 清洁智能座椅线束插接口 | 2 | | |
| | | | ☐ 清洁智能座椅轨道 | 2 | | |
| | | | ☐ 检查工具及螺栓丢失情况 | 2 | | |
| | | | ☐ 清洁实训车上触碰过的区域 | 2 | | |
| | | | ☐ 清洁工作台 | 2 | | |
| | | | ☐ 卸下并整理好安全防护工具 | 2 | | |
| 12 | 恢复场地 | 10 | ☐ 整理恢复场地，做好6S管理（整理、整顿、清扫、清洁、素养、安全） | 10 | | 如未操作，则每项扣2分，最多扣10分 |
| | | | 合　计 | 100 | | |

备注：工具使用的正确优先顺序为套筒→梅花扳手→呆扳手→活扳手。

考核成绩：_____　　裁判签字：_____

## 附录 F  抬头显示系统拆装评分标准

考生姓名：_____    考生准考证号：_____    比赛用时：_____ min

| 序号 | 作业内容 | 配分 | 作业项目 | 分值 | 扣分 | 备注 |
|---|---|---|---|---|---|---|
| 1 | 准备工作 | 18 | □ 规范着装入场（着装整洁、穿工作鞋、不戴首饰、挽起长发等） | 2 | | 如不符合标准，则由现场考评员（裁判）提醒并扣分；如未操作，则每小项扣 2 分；不规范操作，每小项扣 2 分；工具或螺栓落地一次扣 1 分，显示器落地一次扣 5 分，最多扣 10 分 如不齐全或不满足使用要求，则由考生报告现场考评员补齐或更换，仍需检查 |
| | | | □ 正确设置安全围挡，放置安全警示牌 | 2 | | |
| | | | 检查工具仪器是否齐全<br>□ 拆装工具  □ 螺栓<br>□ OBD 数据线<br>□ HUD 线束 | 8 | | |
| | | | 检查零部件是否齐全<br>□ HUD 显示器<br>□ HUD 支架<br>□ HUD 云台 | 6 | | |
| 2 | 检查工作 | 32 | □ 检查螺栓、螺纹外观是否结构完整 | 4 | | 如未操作，则由现场考评员提醒并扣除对应项目分值 |
| | | | □ 检查螺栓垫片表面是否有破损等现象 | 2 | | |
| | | | 检查 OBD 接口数据传输线外观<br>□ 外观结构完整，表面不应有破损、变形、裂痕等问题<br>□ 连接针脚无损坏、变形或生锈 | 4 | | |
| | | | □ 检查 HUD 显示器外观是否完整 | 2 | | |
| | | | □ 检查云台外观是否完整 | 2 | | |
| | | | □ 检查 HUD 显示器支架是否有破损 | 2 | | |
| | | | 教学车检查<br>□ 连接 12V 蓄电池负极<br>□ 点亮仪表"READY"灯<br>□ 档位处于"P"位<br>□ 驻车制动处于制动状态 | 8 | | |
| | | | 检查 HUD 功能<br>□ 关闭车辆<br>□ 检查 HUD 通信线的 OBD 端口并与车辆 OBD 接口连接<br>□ 检查 HUD 通信线插口并与 HUD 显示器连接<br>□ 观察 HUD 显示器显示是否正常 | 8 | | |

（续）

| 序号 | 作业内容 | 配分 | 作业项目 | 分值 | 扣分 | 备注 |
|---|---|---|---|---|---|---|
| 3 | 安装抬头显示系统 | 26 | 关闭车辆<br>□ 确保车辆点火开关处于关闭状态<br>□ 仪表处于熄屏状态 | 4 | | 如未操作，则每小项扣2分；不规范操作，每小项扣2分；工具或螺栓落地一次扣1分，传感器落地一次扣5分，最多扣10分 |
| | | | 断开蓄电池负极<br>□ 用工具拆卸12V低压蓄电池负极线 | 2 | | |
| | | | 安装云台<br>□ 检查云台固定螺栓及垫片，将垫片套在固定螺栓上<br>□ 使用合适工具安装云台 | 4 | | |
| | | | 安装HUD显示器支架<br>□ 检查HUD显示器支架，检查云台插接件<br>□ 将云台插接件安装到HUD显示器支架上 | 4 | | |
| | | | 安装HUD显示器并调节HUD显示器位置<br>□ 将HUD支架安装到云台上<br>□ 检查HUD线束以及HUD显示器端口并连接<br>□ 将HUD显示器安装到HUD支架上<br>□ 调节HUD显示位置，然后关闭车辆，断开低压蓄电池负极线 | 8 | | |
| | | | OBD接口数据传输线连接<br>□ 检查车辆OBD端口是否正常<br>□ 连接通信线 | 4 | | |
| 4 | 拆卸抬头显示系统 | 14 | 拆卸OBD接口数据传输线<br>□ 断开与HUD连接的OBD接口数据传输线插头 | 4 | | 如未操作，则每小项扣2分<br><br>工具或螺栓落地一次扣1分，显示装置落地一次扣5分，最多扣10分 |
| | | | 拆卸HUD显示器<br>□ 将HUD显示器从支架上移出<br>□ 断开HUD显示器线束 | 4 | | |
| | | | 拆卸HUD支架及云台<br>□ 旋开HUD支架螺栓，拆卸HUD支架<br>□ 使用套筒工具拆卸云台固定螺栓 | 4 | | |
| | | | 拆卸云台插接件<br>□ 使用工具拆卸云台插接件 | 2 | | |
| 5 | 恢复场地 | 10 | □ 整理恢复场地，做好6S管理（整理、整顿、清扫、清洁、素养、安全） | 10 | | 如未操作，则每项扣2分，最多扣10分 |
| | | | 合　计 | 100 | | |

备注：工具使用的正确优先顺序为套筒→梅花扳手→呆扳手→活扳手。

考核成绩：_____　　　　裁判签字：_____

## 附录 G  抬头显示系统调试评分标准

考生姓名：_____　　　考生准考证号：_____　　　比赛用时：_____ min

| 序号 | 作业内容 | 配分 | 作业项目 | 分值 | 扣分 | 备注 |
|---|---|---|---|---|---|---|
| 1 | 准备工作 | 10 | ☐ 规范着装入场（着装整洁、穿工作鞋、不戴首饰、挽起长发等） | 2 | | 如不符合标准，则由现场考评员（裁判）提醒并扣分；如未操作，则每小项扣2分；不规范操作，每小项扣2分；工具或螺栓落地一次扣1分，显示器落地一次扣5分，最多扣10分；如不齐全或不满足使用要求，则由考生报告现场考评员补齐或更换，仍需检查 |
| | | | ☐ 正确设置安全围挡，放置安全警示牌 | 2 | | |
| | | | 检查工具仪器是否齐全<br>☐ 拆装工具<br>☐ OBD 数据线<br>☐ HUD 线束 | 6 | | |
| 2 | 检查工作 | 22 | 检查 OBD 接口数据传输线外观<br>☐ 外观结构完整，表面不应有破损、变形、裂痕等问题<br>☐ 连接针脚无损坏、变形或生锈 | 4 | | 如未操作，则由现场考评员提醒并扣除对应项目分值 |
| | | | 教学车检查<br>☐ 连接 12V 蓄电池负极<br>☐ 点亮仪表"READY"灯<br>☐ 档位处于"P"位<br>☐ 驻车制动处于制动状态 | 8 | | |
| | | | 检查智能座舱系统测试装调台架并连接<br>☐ 检查 HUD 线束侧 OBD 端口是否正常，并连接通信线<br>☐ 检查台架车轮是否锁止<br>☐ 打开并检查智能座舱测试装调台架连接端口是否正常<br>☐ 正确连接智能座舱测试装调台架连接端口<br>☐ 接上台架电源线并按下台架电源开关，打开计算机 | 10 | | |
| 3 | 调试抬头显示系统 | 58 | 起动车辆<br>☐ 连接 12V 蓄电池负极线并拧紧固定螺母<br>☐ 踩下制动踏板，按下起动开关，起动车辆 | 8 | | 如未操作，则每小项扣4分；不规范操作，每小项扣4分；工具或螺栓落地一次扣1分，传感器落地一次扣5分，最多扣10分 |

（续）

| 序号 | 作业内容 | 配分 | 作业项目 | 分值 | 扣分 | 备注 |
|---|---|---|---|---|---|---|
| 3 | 调试抬头显示系统 | 58 | 运行测试软件<br>□ 打开智能座舱系统测试装调台架上的计算机一体机电源<br>□ 台架起动成功后，在计算机一体机桌面找到"智能座舱系统测试软件"快捷方式并双击运行 | 8 | | 如未操作，则每小项扣 4 分；不规范操作，每小项扣 4 分；工具或螺栓落地一次扣 1 分，传感器落地一次扣 5 分，最多扣 10 分 |
| | | | 测试 HUD 显示功能<br>□ 单击"HUD"模块，选择"正常显示"，选择测试车速＋剩余电量，查看是否正常显示<br>□ 选择测试车速＋档位，然后在车辆上挂档，查看是否正常显示<br>□ 选择全亮测试，查看是否正常显示<br>□ 选择全暗测试，查看是否全暗<br>□ 选择手动测试，用鼠标在软件上逐个单击图标电量，查看是否正常显示<br>□ 检查 HUD 是否与车辆、投影以及软件上的数据同步 | 24 | | |
| | | | 关闭车辆<br>□ 按下车辆起动／关闭按钮，关闭车辆<br>□ 使用 10mm 套筒拆卸 12V 蓄电池负极固定螺母并断开负极线束 | 8 | | |
| | | | 关闭台架<br>□ 关闭测试软件<br>□ 关闭智能座舱测试装调台架上的计算机<br>□ 关闭智能座舱测试装调台架电源开关并拔出电源线 | 6 | | |
| | | | 拆卸 OBD 接口数据传输线<br>□ 断开与 HUD 连接的 OBD 接口数据传输线插头<br>□ 断开与台架连接的 OBD 接口数据传输线插头，并装回接口护盖 | 4 | | |
| 4 | 恢复场地 | 10 | □ 整理恢复场地，做好 6S 管理（整理、整顿、清扫、清洁、素养、安全） | 10 | | 如未操作，则每项扣 2 分，最多扣 10 分 |
| | | | 合　计 | 100 | | |

备注：工具使用的正确优先顺序为套筒→梅花扳手→呆扳手→活扳手。

考核成绩：_____　　　裁判签字：_____

# 附录 H  手势交互系统拆装评分标准

考生姓名：_____    考生准考证号：_____    比赛用时：_____ min

| 序号 | 作业内容 | 配分 | 作业项目 | 分值 | 扣分 | 备注 |
|---|---|---|---|---|---|---|
| 1 | 准备工作 | 16 | □ 规范着装入场（着装整洁、穿工作鞋、不戴首饰、挽起长发等） | 2 | | 如不符合标准，则由现场考评员（裁判）提醒并扣分；如未操作，则每小项扣 2 分；不规范操作，每小项扣 2 分；工具或螺栓落地一次扣 1 分，摄像头落地一次扣 5 分，最多扣 10 分 |
| | | | □ 正确设置安全围挡，放置安全警示牌 | 2 | | |
| | | | 检查工具仪器是否齐全<br>□ 拆装工具<br>□ 螺栓<br>□ 连接线 | 6 | | |
| | | | 检查零部件是否齐全<br>□ 摄像头<br>□ 摄像头支架<br>□ 摄像头信号线 | 6 | | |
| 2 | 检查工作 | 42 | □ 检查螺栓、螺纹外观是否结构完整 | 4 | | 如未操作，则由现场考评员提醒并扣除对应项目分值；如未操作，则每小项扣 2 分；不规范操作，每小项扣 2 分；工具或螺栓落地一次扣 1 分，传感器落地一次扣 5 分，最多扣 10 分 |
| | | | 摄像头外观检查<br>□ 外观结构完整，表面不应有破损、变形、裂痕等问题<br>□ 镜头不应有气泡、划痕、裂纹、污物等缺陷 | 4 | | |
| | | | □ 检查支架外观是否完整 | 2 | | |
| | | | □ 检查连接线外观是否完整 | 2 | | |
| | | | 摄像头信号线导通性检测<br>□ 将万用表打到电阻档，短接万用表两表笔，万用表应显示小于 1Ω<br>□ 测量摄像头信号线两头的信号针脚 H1，阻值应该为 0.1～0.2Ω<br>□ 测量摄像头信号线两头的接地针脚 H2，阻值应该为 0.1～0.2Ω | 6 | | |
| | | | 线路连接<br>□ 直接用信号线连接摄像头和计算平台 MC-2 端口<br>□ 用通信线连接计算平台 ETH-2 端口和测试装调台架 | 4 | | |

（续）

| 序号 | 作业内容 | 配分 | 作业项目 | 分值 | 扣分 | 备注 |
|---|---|---|---|---|---|---|
| 2 | 检查工作 | 42 | 起动教学车<br>□ 踩住制动踏板，起动教学车<br>□ 仪表"READY"灯能点亮，且档位处于"P"位<br>□ 检查驻车制动指示灯是否已点亮，确保处于制动状态 | 6 | | 如未操作，则由现场考评员提醒并扣除对应项目分值；如未操作，则每小项扣2分；不规范操作，每小项扣2分；工具或螺栓落地一次扣1分，传感器落地一次扣5分，最多扣10分 |
| | | | 摄像头功能检测<br>□ 起动测试装调台架，并打开"智能座舱系统测试软件"<br>□ 单击"镜头"按钮，查看摄像头是否正常工作<br>□ 检测完成后，关闭相关电源，最后拆除连接线 | 6 | | |
| | | | 关闭点火开关<br>□ 确保车辆点火开关处于关闭状态，仪表处于熄屏状态 | 4 | | |
| | | | 确保车辆点火开关处于关闭状态，仪表处于熄屏状态<br>□ 用工具拆卸12V低压蓄电池负极线缆 | 4 | | |
| 3 | 安装与拆卸手势交互系统 | 32 | 安装摄像头<br>□ 将摄像头安装到支架上并拧紧固定螺栓，拧紧力矩为3N·m<br>□ 在驾驶员右上方安装摄像头<br>□ 调整摄像头角度，标准角度为50°±0.5°<br>□ 拧紧螺栓，拧紧力矩为5N·m | 8 | | 如未操作，则每小项扣2分；工具或螺栓落地一次扣1分，显示装置落地一次扣5分，最多扣10分 |
| | | | 检查摄像头信号线并与摄像头连接<br>□ 检查摄像头信号线是否出现破损等现象<br>□ 将摄像头信号线的一端与摄像头连接 | 4 | | |
| | | | 检查计算平台端口并与摄像头信号线连接<br>□ 检查计算平台接线端口是否正常<br>□ 将摄像头信号线另一端与计算平台MC-2端口连接 | 4 | | |

（续）

| 序号 | 作业内容 | 配分 | 作业项目 | 分值 | 扣分 | 备注 |
|---|---|---|---|---|---|---|
| 3 | 安装与拆卸手势交互系统 | 32 | 断开线束插头<br>□ 断开与计算平台端连接的摄像头信号线插头<br>□ 断开与摄像头端连接的摄像头信号线插头 | 4 | | 如未操作，则每小项扣2分；工具或螺栓落地一次扣1分，显示装置落地一次扣5分，最多扣10分 |
| | | | 拆卸摄像头<br>□ 使用H4套筒将两颗摄像头支架固定螺栓扭松<br>□ 卸下固定螺栓，取下摄像头支架放置在干净清洁的工作台上<br>□ 使用H1.5套筒将两颗摄像头固定螺栓扭松，并把摄像头与固定螺栓放置在干净清洁的工作台上 | 6 | | |
| | | | 摄像头及固定螺栓清洁<br>□ 使用干净无纺布分别清洁摄像头信号线与测试装调通信线两端插接口<br>□ 清洁摄像头信号线与测试装调通信线束表面<br>□ 捆绑好摄像头信号线、测试装调通信线和智能座舱测试装调台架电源线并放置于清洁的工作台上 | 6 | | |
| 4 | 恢复场地 | 10 | □ 整理恢复场地，做好6S管理（整理、整顿、清扫、清洁、素养、安全） | 10 | | 如未操作，则每项扣2分，最多扣10分 |
| | | | 合　　计 | 100 | | |

备注：工具使用的正确优先顺序为套筒→梅花扳手→呆扳手→活扳手。

考核成绩：_____　　裁判签字：_____

## 附录 I　手势交互系统调试评分标准

考生姓名：_____　　　考生准考证号：_____　　　比赛用时：_____ min

| 序号 | 作业内容 | 配分 | 作业项目 | 分值 | 扣分 | 备注 |
|---|---|---|---|---|---|---|
| 1 | 准备工作 | 10 | ☐ 规范着装入场（着装整洁、穿工作鞋、不戴首饰、挽起长发等） | 2 | | 如不符合标准，则由现场考评员（裁判）提醒并扣分；如未操作，则每小项扣2分；不规范操作，每小项扣2分；工具或螺栓落地一次扣1分，摄像头落地一次扣5分，最多扣10分；如不齐全或不满足使用要求，则考生报告现场考评员补齐或更换，仍需检查 |
| | | | ☐ 正确设置安全围挡，放置安全警示牌 | 2 | | |
| | | | 检查工具仪器是否齐全<br>☐ 拆装工具<br>☐ 螺栓<br>☐ 连接线 | 6 | | |
| 2 | 检查工作 | 16 | 检查摄像头信号线并与摄像头连接<br>☐ 检查摄像头信号线是否出现破损，两端接线口是否正常<br>☐ 将摄像头信号线的一端与摄像头连接，确认连接无误并听到锁扣锁紧声音 | 8 | | 如未操作，则由现场考评员提醒并扣除对应项目分值 |
| | | | 检查计算平台端口并与摄像头信号线连接<br>☐ 检查计算平台接线端口是否正常，针脚是否损坏<br>☐ 将摄像头信号线另一端与计算平台MC-2端口连接，确认连接无误并听到锁扣锁紧声音 | 8 | | |
| 3 | 调试手势交互系统 | 64 | 测试装调通信线连接<br>☐ 检查测试装调通信线接线口是否正常，针脚是否损坏<br>☐ 检查计算平台ETH-2端接线口是否正常<br>☐ 正确连接测试装调通信线<br>☐ 检查测试装调通信线接线端口是否正常，针脚是否损坏<br>☐ 检查智能座舱测试装调台架连接端口是否正常，并正确连接 | 12 | | 如未操作，则每小项扣4分；不规范操作，每小项扣4分；工具或螺栓落地一次扣1分，传感器落地一次扣5分，最多扣10分 |

（续）

| 序号 | 作业内容 | 配分 | 作业项目 | 分值 | 扣分 | 备注 |
|---|---|---|---|---|---|---|
| 3 | 调试手势交互系统 | 64 | 打开测试软件<br>□ 连接 12V 蓄电池负极<br>□ 踩下制动踏板，按下起动开关，起动车辆，仪表屏出现"READY"状态<br>□ 检查台架电源插口、电源线和电源线插头是否正常<br>□ 接上台架电源线并按下台架电源开关，打开计算机<br>□ 打开"智能座舱系统测试软件" | 10 | | 如未操作，则每小项扣 4 分；不规范操作，每小项扣 4 分；工具或螺栓落地一次扣 1 分，传感器落地一次扣 5 分，最多扣 10 分 |
| | | | 测试摄像头功能<br>□ 单击"镜头"按钮，查看是否读取摄像头状态<br>□ 单击"开始录像"按钮录像，检查摄像头画面是否实时工作，有无异常情况<br>□ 在"已保存录像"选择最后一个视频，单击视频播放<br>□ 观看视频未发现问题，则说明摄像头功能正常 | 24 | | |
| | | | 关闭车辆<br>□ 按下车辆起动/关闭按钮，关闭车辆<br>□ 使用 10mm 套筒拆卸 12V 蓄电池负极固定螺母并断开负极线束 | 4 | | |
| | | | 关闭台架<br>□ 关闭测试软件<br>□ 关闭智能座舱测试装调台架上的计算机<br>□ 关闭智能座舱测试装调台架电源开关并拔出电源线 | 6 | | |
| | | | 清洁摄像头及整理线束<br>□ 使用干净无纺布分别清洁摄像头信号线与测试装调通信线两端插接口<br>□ 清洁摄像头信号线与测试装调通信线线束表面<br>□ 捆绑好摄像头信号线、测试装调通信线和智能座舱测试装调台架电源线并放置于清洁的工作台上 | 8 | | |
| 4 | 恢复场地 | 10 | 整理恢复场地，做好 6S 管理（整理、整顿、清扫、清洁、素养、安全） | 10 | | 如未操作，则每项扣 2 分，最多扣 10 分 |
| | | | 合　计 | 100 | | |

备注：工具使用的正确优先顺序为套筒→梅花扳手→呆扳手→活扳手。

考核成绩：_____　　裁判签字：_____

# 参考文献

[1] 李荪，曾然然，殷治纲.智能语音技术与产业新实践［M］.北京：人民邮电出版社，2021.

[2] 吴亚东，张晓蓉，王赋攀.人机交互技术及应用［M］.北京：机械工业出版社，2020.

[3] 陈芳，雅克·肯特.以人为本的智能汽车交互设计［M］.北京：机械工业出版社，2021.